UNTER EXTREMISTEN

Mehr Bäume.
Weniger CO$_2$.
www.cpibooks.de/klimaneutral

MIX
Papier aus verantwor-
tungsvollen Quellen
FSC® C083411
FSC
www.fsc.org

Ramazan Demir:
Unter Extremisten

© 2017 edition a, Wien
www.edition-a.at

Cover: JaeHee Lee
Gestaltung: Lucas Reisigl

Gesetzt in der Ingeborg
Gedruckt in Deutschland

1 2 3 4 5 — 20 19 18 17

ISBN 978-3-99001-239-0

Ramazan Demir

UNTER EXTREMISTEN

Ein Gefängnisseelsorger
blickt in die Seelen
radikaler Muslime

edition a

INHALT

MUSA

Sie töten dich, wenn sie dich finden.

Musa kauert in einer Ecke, den Kopf zwischen den Knien, die Hände flach an die Ohren gepresst. Ein Bild von Geborgenheit, auf einen ersten, flüchtigen Blick. Ähnlich dem eines Kindes, das beim Versteckspiel die Augen schließt im Glauben, für sich zu sein, selbst nicht gesehen zu werden. Doch Musas Kauern ist das genaue Gegenteil von Geborgenheit. Der untaugliche Versuch zur Abwehr einer Welt, die nicht länger sein darf. Auch ist Musa kein Kind. Und es ist auch nicht länger ein Spiel. Das ist es nie gewesen. Um ihn herum das erkaltete Gemäuer eines Einfamilienhauses oder das, was einmal vorgegeben hat, ein Einfamilienhaus zu sein.

Stockdunkel umhüllt den jungen Mann. Nicht weit von seinem löchrigen Unterschlupf, vielleicht fünfzig Schritte voraus, zerreißt Maschinengewehrfeuer die schwarze Luft. Nur allmählich verebbt das arrhythmische Tackern der Salven. Zögerlich. Als müsste die Luft erst für sich selbst befinden, ob sie diesem so schwer misshandelten Land eine Pause zum Verschnaufen gönnt oder nicht.

Sie töten dich, wenn sie dich finden.

Ja, denkt Musa, das werden sie. Denn Musa ist um keinen Deut besser als einer von denen, um nichts besser als ein *kāfir*, ein Ungläubiger, deren es unzählige gibt auf dieser Welt und die zu unterwerfen, zu bekehren oder am besten gleich auszurotten ist. *Seinerzeit*. Acht Monate liegt dieses Seinerzeit gerademal zurück. Seinerzeit hat er ernst gemacht, hat den theoretischen Beschwörungen der guten, gottgerechten Sache die Krone der Praxis aufgesetzt, ist endlich angetreten an der Front. Als Krieger Allahs. Hier in Syrien.

Wie viele hast du seither getötet?

Musa weiß es nicht. Bloß, dass ihm das MG 3, das sie ihm verpasst haben, zum treuesten Gefährten in diesen Monaten herangewachsen ist. Ein aalglattes, kühles Stück deutschen Maschinengewehrstahls, erbeutet in einem der blutigen Raubzüge des IS und von Anfang an hart am Mann. Unausgesetzt. Tagsüber. Nachtsüber. Ausschweifend lange Einweisungen am Gerät vor Ort hat es nicht gebraucht. Alles hundertfach trainiert. Und dann: einfach drauf losballern, Ego-Shooter-Routine. Ego-Shooter-Kitzel. Bloß in echt. Das Gute auf der Jagd nach dem Bösen. Das blindlings erfolgte Hinausjagen einer Salve um die andere. Ins Licht. Ins Dunkel. Bald schon hat er aufgehört, ihren satten Donner zu hören. Bald schon sieht er nur noch die Blitze, die von seinem stählernen Gefährten losfahren, ins Weiß, ins Schwarz, und bisweilen, wie zum bestätigenden Echo, als verzerrtes Wehklagen wiederkehren. Bizarre Schreie klingen auf. Als würden sie aus einer Spielkonsole generiert. Als wären sie nicht von dieser Welt. Und doch sind sie Bezeugungen eines im Hier und Jetzt gezeitigten Erfolges.

Musa nimmt die eine Hand vom Ohr, betastet die aufgeschürften Knie. Eben noch hat er in einem Haufen aus

Schutt, Glas, zersplittertem Metall gekniet. Doch da ist kein Schmerz. Nur ein dumpfes Fühlen. Die Kälte kann seinem ausgemergelten Körper nicht an. Dünne Jacke hin, zerschlissene Hose her. Ebenso wenig Hunger oder Durst. Ströme von Adrenalin pumpen jedes Empfinden hinfort.

Stattdessen wehen Fetzen loser Gedanken heran, schütteln Musa durch. Wie Rückstöße der unkontrollierten Salven, die er eben noch in die Nacht gejagt hat. Hat er denn überhaupt? Er greift nach den Gedanken, bekommt eine Handvoll zu fassen. Andere lässt er unformuliert ziehen, spürt ihnen in einer Mischung aus Wehmut und Schaudern nach. Und auf einmal gewahrt er, dass er am ganzen Leib zittert. Ein Bibbern wie von Schüttelfrost. Ein Krampf durchfährt seinen Leib. Auch er kommt und geht frei von Schmerz. Abgetönt, wie in Watte. Der Tod ist nahe gerückt, verdammt nahe, sagt er sich. Und er weiß, dass es nicht jener Tod ist, auf den man ihn so lange so eindringlich vorbereitet und den zu fürchten er sich versagt hat. Es ist ein *friendly fire*, dem er ins Auge blickt, eines, das so gar nicht *friendly* daherkommt, so gar nicht unbeabsichtigt aus den eigenen Reihen erfolgt und auch nicht konform geht mit den Verheißungen.

Sie töten dich, wenn sie dich finden. Erst foltern sie dich. Endlos lange. Dann, irgendwann, richten sie dich hin.

Natürlich weiß einer wie Musa, was ihm blüht. Er kennt die eisernen Gesetze, die unerbittliche Härte nach außen und die noch um vieles unerbittlichere nach innen, kennt die Mechanismen der gnadenlosen Abrechnung mit jenen, die vom großen Traum der großen Sache abfallen. Die Abtrünnigen. Die Verräter. Sie sind schlimmer noch als jeder gottverdammte *kāfir* auf diesem Planeten. Und genau das ist er: ein Abtrünniger. Ein Verräter.

Musa hat seinen Traum bis ans Äußerste gelebt. Die Blase seines Traumes. Doch dann, in einem sehr bestimmten Augenblick, ist es zu viel gewesen. Und an die Stelle des unverrückbaren Guten in ihm ist die Fratze des Bösen getreten. Das Böse hat sich ihm zum Spiegelbild gemacht. Jenes Böse, das er mit jeder weiteren Kugel, jedem weiteren Toten erfolgreich zu bekämpfen geglaubt hat. All die wahllosen Übergriffe, Schändungen, Folterungen, Hinrichtungen, an denen er und Seinesgleichen euphorisch teilgehabt, haben unvermutet angefangen ihn zu umzingeln. Es ist ein innerer, doch schier unüberwindbarer Feind, der ihn da umfängt, ausgestattet mit der Gewalt der Ernüchterung, der zersetzenden Kraft eines jäh verblassenden Trugbildes. Die Kraft der Gerechtigkeit, die er auf alle Tage an seiner Seite getragen hat, ist implodiert unter einer machtvollen Detonation, und aus den rauchenden Trümmern seines Daseins belagern ihn die Versatzstücke der leergefegten Bühne: Unsicherheit. Enttäuschung. Und Angst. Sie über allem. Nackte, namenlose Angst.

Sie töten dich, wenn sie dich finden.

Sie. Seine vormaligen Freunde. Wer auch immer sie dann sein mögen. Mehr als einmal, erinnert er sich, hat er geholfen, Anti-IS-Schergen mit Seilen ans Heck eines Geländewagens zu knoten. Und ab, quer durch die Stadt. Jenen zur Warnung ins Stammbuch geschrieben, die meinen, sich gegen *Allahs irdischen Arm* zur Wehr setzen zu müssen. Abermals sieht Musa die Antlitze dieser Männer auftauchen. Sie stehen, knien an den Innenlidern seiner zusammengepressten Augen, blutüberströmt und schon jetzt halbtot um Gnade winselnd, ehe der wilde Ritt über staubige Straßen erst losgeht. Gnade? Das Wort Gnade findet keinen Widerhall in ihrer, seiner Sprache. Um Gnade zu flehen ist in ihrer, seiner Welt geradezu lachhaft. Ein Zeichen endloser Schwäche. Ein Zeichen von Selbstaufgabe.

Ein andermal hat Musa reglos zugesehen, wie Kämpfer seines Trupps eine Handvoll junger Männer hingerichtet haben. Vor den Augen ihrer im Schrecken verstummten Mütter. Es ist wirklich nichts Persönliches. Es ist bloß, weil der Verdacht von Spionage im Raum steht. Nichts Konkretes. Mehr ein vages Gerücht. Härte zeigen, einfach bloß, um gekeimten oder auch nur allfälligen Widerstand gegen den Islamischen Staat zu brechen. Schon nach ein paar Wochen hat sich die Wertigkeit eines Menschenlebens in ihm bedeutend verringert, und schon bald schrumpft die Halbwertszeit gegen Null. Jedes Tun, jedes Denken erfolgt nur noch wie unter einer einzigen, alles vereinnahmenden Wolke, die über Land und Leuten liegt. Sie steuert die Geschöpfe, Ereignisse, macht sie zu ameisenhaft winzigen Gefügigen im Geiste einer riesenhaften, übergeordneten Fügung, setzt die Impulse einer kollektiv entfesselten Lust an Gewalt und Macht – und setzt diese Impulse auch frei. Eine gemeinschaftliche Ohnmacht der Unbarmherzigkeit, die wie ein Leitstern auf ihrer aller fundamentalistischem Himmel steht. Und so hat der Mensch als des Menschen Wolf rasch auch in ihm, Musa, die Oberhand gewonnen.

Das Tier hat gesiegt. Der Rausch des Triumphierens, die Triebe und der Instinkt des Überlebenwollens als alles bestimmende Faktoren.

Dann aber, inmitten dieses nicht enden wollenden Rausches und wie zur ungebetenen Nüchternheit, ist der Traum geplatzt. Plötzlich erscheint Musa Musa wieder als er selbst. Wenn auch nur unterschwellig und für niemand sonst erkennbar. Jener alte Musa, den es tief verborgen auch noch gibt. Der Hitze, Feuer, Kälte, Tod und Verderben ringsum überdauert hat wie ein Same, der endlos lange im Tiefschlaf ausharrt und nur dieses einen Tropfens Wasser bedarf, der ihn am rechten Ort zur rechten Zeit begießt, zum Keimen bringt.

Er sieht, wie ein Getreuer eine junge Mutter vor sich hertreibt, hin zu einem Abgang in eine Schutthalde, die einmal Zuhause geheißen hat. Musa weiß, was kommt. Die Waffe im Anschlag, wird der Kämpfer die Frau in Schach halten, sie nach Belieben missbrauchen. Auf welche Weise immer. Es gibt keinen Zweifel an dem, was folgt. Einziger Unsicherheitsfaktor allenthalben würde sein, wie oft er es tut.

Musa kennt diese Art von Schrei, der so anders klingt als alle übrigen, die eine Kehle freizusetzen weiß. Markdurchdringender, als jeder Regisseur eines Horrorstreifens es in Szene zu setzen wüsste. Das atemlose Herauswürgen von Hoffnungslosigkeit und Schrecken. Das sprachlose, keuchende Wissen, dass zwischen jetzt und dem erlösenden Tod nur noch endlose Bahnen des Grauens liegen. Musa blickt hin, sieht das lähmende Entsetzen im Antlitz dieser Frau. *Ich werde, kann, darf mich nicht wehren*, steht darin geschrieben. *Was geschieht sonst mit meinen Kindern? Wer kümmert sich um sie, wenn ich nicht mehr ...?* Und auf einmal sieht Musa seine Mutter Maryam, sieht seine beiden jüngeren Schwestern. Hatija und Aisha. Sie starren ihm in die Augen, versinken nebelhaft im Boden. Seine von ihm so verherrlichte Mutter, die ihn und die Schwestern mangels Vater zeitlebens umsorgt, die sich die Hände blutig geschuftet hat, um sie alle durchzubringen. Irgendwo dort. Im fernen Mitteleuropa.

Und auf einmal weiß Musa, dass Schluss sein muss. Dass er nicht weitermachen kann. Es ist nicht bloß eine vage Einsicht. Es ist eine bodenlose Überwältigung, die ihn aufschaudern lässt, ihm die Knie erweicht, während die Schreie dieser anderen, unbekannten Mutter dumpf an sein Ohr dringen. Oh, nein, er denkt nicht darüber nach, sie zu retten. Nicht eine Sekunde. *Wie absurd. Als würde ein einzelnes Sandkorn gegen einen Sandsturm aufbegehren.* Nein. Musa denkt bloß daran, dass er nicht mehr kann. Dass er es nicht mehr ertragen kann. Das alles hier. Dass er weg muss. Jetzt. Andernfalls ist sein Verlorensein ein endgültiges, unendlich tiefer noch als jenes, in dem er bereits feststeckt.

Und so mobilisiert Musa alle Kräfte, stiehlt sich nachts heimlich aus den Reihen davon. Seine Flucht hat begonnen, es gibt kein Zurück, und dieser nackte Trieb des Fortbestehens peitscht ihn immer weiter fort. Bis hierher. In dieses zerschossene Stück Existenz. In dieses von Granaten und Gewehrkugeln zersiebte Haus.

Wie lange hat er schon nicht mehr nachgedacht? Musa hat nicht den Schimmer einer Ahnung. Bloß, dass er es jetzt wieder tut. Endlich wieder. Dass er sich fragt, was und wer er ist. Ja, er, Musa, Sohn einer Mutter. Bruder zweier Schwestern. Aber darüber hinaus? Ist er ein Mörder? Weil er andere Menschen getötet hat? Aus welchen Gründen? Sind es richtige Gründe? Ehrenhafte? Oder doch ...? Gibt es überhaupt richtige, ehrenhafte Gründe, einen Menschen zu töten? Ein ums andere Mal schiebt Musa diese drängenden Fragen beiseite. Sie sind lästig, lenken ihn ab von seiner Aufgabe. Und diese Aufgabe hat nur einen Namen: Überleben.

Doch dann, wie zur ultimativen Prüfung seines aufgeweichten Gewissens, bedrängt ihn diese andere Frage: Wie hat es soweit kommen können? Wie mitunter, dass er zu zweifeln begonnen hat? Alles hat so leuchtend klar vor ihm gestanden. Seinerzeit. Zuhause. Er ist frei von Zweifel gewesen, wollte, würde dieser einen, richtigen Sache dienen. Gerade so, wie der Prediger es ihm prophezeit hat. *Der Prediger*. Dieser kluge, Ehrfurcht gebietende Mann. Dieser *Vater*, zu einem solchen aufzuschauen ihm nie vergönnt gewesen und der dieser fremde Mann ihm so selbstlos gewesen ist. Aus dem Koran hat er ihm vorgelesen. Auf Arabisch. Wiewohl Musa gerade das nicht kann: Arabisch. Doch es sind ihm wohlvertraute Klänge, die träumerisch aus seiner alten Heimat Tschetschenien heranwehen. Musas Sprache ist Deutsch. Die Sprache der neuen Heimat, die ihm nie zu einer geworden ist.

Bei ihm, dem weisen, wie allwissenden Prediger, hat Musa sich von Anbeginn geborgen gefühlt. Diese Wärme in der Brust, ernstgenommen zu werden. Er, Musa, ist nicht ein länger x-beliebiger lästiger, kraft seiner Herkunft missachteter Tschetschene in Wien. Musa ist mit einem Schlag Mensch. Man achtet ihn. Braucht ihn. Und wenn er zu dem Prediger von diesem Leben in Wien spricht, sieht ihm der Prediger tief in die Augen. Wie auch er dem Prediger tief in die Augen sieht, wenn der von seinen Dingen spricht. Seiner Sicht der Welt. Dem Übel. Und auch davon, dass Allah den Tod der Ungläubigen wünscht.

Er erzählt Musa von den Untaten, die Ungläubige in aller Welt begehen. Nicht bloß in Syrien. Nicht bloß im Irak. Rund um den Globus. Auch in Europa. Gerade in Europa, wo es oberstes Ziel sei, sich die Muslime untertan zu machen. Menschen wie ihn, Musa. Seine Brüder und Schwestern. Und dass es Männer und Frauen seiner Schlagkraft, seines noch zu festigenden Glaubens bedürfe, den Ungläubigen Einhalt zu gebieten. Dies allein sei Allahs Wille.

Ja, Musa hat die Wut des Predigers verstanden. Zunehmend mit jeder Faser seiner von Misstrauen, Ausgrenzung und Generalverdacht geleiteten Existenz. Wie er auch die Wut des Predigers über ihn und andere junge Muslime verstanden hat, die ihr Leben der Bequemlichkeit verschrieben hätten. Die in Sicherheit schliefen, während ihre Geschwister draußen in der Welt Leid und Ungerechtigkeit zu erdulden hätten. Und insgeheim hat er begonnen, das Lob des Predigers für jene, die ausziehen, um zu kämpfen, zu seinem eigenen Lob zu machen. Die Bomben in U-Bahnschächten zünden. Die Ankunftshallen auf Flughäfen zu Kriegsschauplätzen wandeln. Die Lastwägen zu Waffen gegen Menschenmengen machen. Oder einfach nur in einem Zugabteil ein Messer zücken. Von London spricht der Prediger. London vor bald zehn Jahren. Juli 2005. Vier der Ihren, allesamt mit britischem Pass, die Sprengsätze zünden in U-Bahn und Bus und 56 Menschen in den Tod reißen. Weitere siebenhundert verletzt. Und er spricht von der jüngsten Vergangenheit. Brüssel im Mai 2014. Das Attentat im Jüdischen Museum.

Nicht alle Bilder zu den Taten trägt Musa in Erinnerung. Bei London ist er noch ein Kind am Übergang zur Hauptschule gewesen. Doch an Brüssel erinnert er sich nur zu gut. Brüssel ist allzu frisch. Wenige Wochen ist das damals her gewesen. Der Name Mehdi Nemmouche dringt erstmals an Musas Ohr. Ein Franzose algerischer Abstammung und Syrien-Heimkehrer. Einer von vielen, die sich fortan auf den Kampf in Europa eingeschworen haben. Wie eine Fackel des eisernen Widerstands glimmt der Name in den Augen des Predigers auf.

Musa indes hat andere Pläne. Längst hat er begonnen, zuhause seinen beiden kleinen Geschwistern von der Strahlkraft des IS zu berichten, von der famosen Idee der Errichtung eines Islamischen Staates. Es werde eine Zeit kommen, doziert er, da alle Muslime der Welt sich ihnen anschließen würden. Dann würden *die* schon sehen, wie stark sie seien. *Wie stark wir sind.* Mehr als eineinhalb Milliarden Muslime gebe es. Viele müssten erst für die Sache überzeugt werden. Doch dann. Und all jene, die sich gegen sie stellten, seien Verräter und würden die Konsequenzen ihres Verrates bitterlich zu tragen haben.

Längst ist da sein Entschluss herangereift. Ja, auch Musa will der *richtigen Seite*, der Seite der Gerechten angehören, will sein Teil beitragen, das weltweite Unrecht gegen Muslime auszurotten. Wo immer. Ihn jedoch zieht es ins Kernland des IS-Kampfes, von wo aus das neu errichtete Kalifat seinen Siegeszug um den Globus antreten wird: Syrien. Und vielleicht, später dann, Europa, um dort die ihm *von Allah auferlegte Pflicht* fortsetzen.

Angst vor dem Sterben glaubt Musa da schon lange keine mehr zu kennen. Der Tod, hat der Prediger ihm wieder und wieder eingetrichtert, sei bloß die heiß ersehnte Schwelle hinüber ins Paradies. Und Syrien, hat er angefügt, sei nichts als der Vorhof dieses Schlaraffenlandes. Die Männer dort seien tot oder geflohen, und die Frauen würden ihm und Seinesgleichen gehören. Desgleichen die unzähligen Villen im Land, die nun verwaist leer stünden, neuer Herren harrten. Syrien also, hat Musa befunden. Und als es dann acht Monate später in Paris zu Charlie Hebdo mit insgesamt zwölf Todesopfern kommt, den späteren Tod der beiden Attentäter nicht eingerechnet, ist er längst hier.

Musa schaudert auf. Die Heilsversprechen des Predigers von damals schießen ihm durch den Kopf. Jetzt auf einmal wie Giftpfeile. Und jedes Gegenserum erscheint wirkungslos, die Verheißungen am Horizont seiner Hoffnungen und Erwartungen in Trug und Rauch auflöst, verpufft zu einer diffusen Wolke aus Lügen und Propaganda. Das glorreiche Wissen, welches er einmal zu besitzen geglaubt hat, ist gänzlich verflogen. Was er noch hat, ist allein sein Instinkt

17

als Mensch, der ihm verbietet, seinen Schutz aufzugeben. Zitternd vor Angst und Erschöpfung bleibt er noch geraume Zeit in Deckung. Das hier, weiß er, ist nicht ein Funke vom Paradies. Es ist die Entität des Feuers, das aus der Hölle zu ihm emporschlägt.

Irgendwann, im Schutz dieser bewölkten, ausnahmsweise sternenlosen arabischen Nacht, gelingt Musa der Ausbruch aus dieser Hölle. Unbemerkt kommt er davon, stolpert wie in Trance dem entgegen, was er einmal als Leben gekannt hat. Über die Türkei und den Balkan schlägt er sich durch bis Wien, steht, physisch und psychisch am Ende aller Kräfte, an Mutters Maryams Tür, die ihn längst verloren gegeben hat. Hier taucht er unter. Bei ihr und den Schwestern Aisha und Hatija. Kurze Zeit nach seiner Heimkehr, an einem verregnet kühlen Morgen, läutet es an der Tür. Beamte des Verfassungsschutzes. Erst jetzt hat Musas Flucht ihr tatsächliches Ende gefunden.

*

Das Gesicht des Häftlings ist schmal, fast eingefallen, und die markanten, hoch abstehenden Wangenknochen erwecken den Eindruck, als wollten sie einen Rest von Stolz hochhalten, Relikte aus verlorenen Tagen, vom übrigen Antlitz des jungen Mannes wie auch seinem Körper längst verworfen. Sein loser Händedruck fügt sich da ins Bild, ist wie der Griff in einen angefeuchteten Schwamm. Er ist von mittelgroßer, beinahe schmächtiger Statur, trägt das Haar kurz und wirr, und seine Augen sind ermattet dunkel, ein schales Schwarz, wie gebrochen. Ein alles in allem hageres Männchen ohne Kontur, das da vor mir steht, ohne Halt, und auch ohne Ziel, wie es scheint.

Die Wege sind verschlungen und weit, um einen wie Musa erstmals allein zu Gesicht zu bekommen. Unter vier Augen. Und nur im Fall des Falles ist ein weiteres Augenpaar zur Stelle. Endlos lange, endlos trostlose Korridore und Treppen haben mich hierher ins vierte Stockwerk geführt. Abteilung C. Ab und an ein Bild an der Wand, eine Bleistiftzeichnung, die meisten erstaunlicherweise von gar nicht ungelenkem Strich.

Erstaunlicherweise?

Irgendwo, mittendrin in diesem Nichts aus bezuglosen Längen und Etagen, ein nüchterner Aufenthaltsraum mit zerschlissener Gymnastikmatte. Ein Hometrainer. Ein Tischtennis-Tisch. Und weiter. Viele der Korridore sind mit gräulich marmorierten Kunststoffplatten ausgelegt. Andere mit Bahnen aus beigem Linoleum. Da wie dort durchwebt ein diffuser, grüngelblicher Schimmer die Gänge. Das Zusammenspiel von kaltem Deckenlicht und schmutzig weißen Wänden mit ebenso schmutzig weißen Türen macht es aus, sage ich mir. Manche Türen sind lindgrün umrahmt, manche paprikarot, über Kopf bis auf Hüfthöhe, andernorts auch Türblätter, die wie ihre Fassungen in durchgängigem, sattem Tannennadelgrün schimmern.

Die Zimmer hinter der Armada von Türen sind von weitgehend einheitlicher Größe und Grundausstattung. Kleinigkeiten machen den Unterschied aus. Persönliche

Präferenzen wie auch Möglichkeiten. Die Fenster blicken zum Hof, einige sehen den Fußballplatz. Und wären die Zugänge nicht durch und durch aus Metall, und stünden die an ihrem Ende zu kleinen Bällen abgerundeten Türschnallen nicht auf seltsame Weise senkrecht nach oben ab, und fehlten ihre Gegenstücke nicht an den Türinnenseiten überhaupt, man könnte meinen, in einem aus der Zeit gefallenen Sanatorium gelandet zu sein. Oder einem aufgelassenen Provinzkrankenhaus aus den späten Sechzigern. Nur der markante, leicht süßliche Geruch von Chloroform fehlt. Doch hier ist nichts aufgelassen, nichts aus der Zeit gefallen, sieht man von den *Gästen* ab. Hier herrscht Vollbetrieb im 21. Jahrhundert. Von morgens bis abends. Montags bis sonntags. Ausgebucht bis aufs letzte Stahlrohrbett von Jänner bis Dezember, Tendenz: überbelegt. Ein Hotel mit Vollpension wider Willen.

Knapp 1100 Häftlinge sitzen hier ein, in der Justizanstalt (JA) Josefstadt in Wien, Österreichs größtem Gefängnis. Beinahe jeder dritte Insasse ist Muslim. Es ist Freitag, kurz nach dreizehn Uhr. Der Geruch vom Bratensaft liegt immer noch in der Luft. Instantware. Gulasch, wie ich mutmaße. An der Pinnwand, scharf neben der Türe, sehe ich den Aushang, dass ich zurzeit keine Zeit habe. Soll heißen, dass meine Kapazitäten für Gespräche wie das folgende restlos erschöpft sind. Keiner weiß das besser als ich. Musa hat Glück gehabt, gepaart mit einem Mix aus Eindringlichkeit und Aufdringlichkeit, die er im Vorfeld an den Tag gelegt hat, und wie ich rasch bemerke, weiß er sein Privileg auch zu schätzen. Handshake. Wir nicken einander stumm zu, dann erst betreten wir den Besprechungsraum. Die umfunktionierte Zelle, in die Musa und ich uns begeben, ist anders als die übrigen. Noch spartanischer. Zwei Stahlrohrsessel mit Holzauflage empfangen uns. Ein kleines Tischchen, das von der Türe aus jederzeit einsehbar ist und gerade ausreichend groß für zwei Paare gefalteter Hände ist. Bei Bedarf eine Gebetskette. Ein Koran. Mehr nicht. Einzig im legendären Café Hawelka in der Wiener Innenstadt fänden an solch minimalistischem Ort vier, vielleicht fünf Menschen Platz, die Schlichterqualitäten des alten, längst verstorbenen Ehepaars vorausgesetzt.

Tatsächlich sind zwei fast schon zu viel, und der knappest bemessene Raum ringsum führt die Sprache maximaler Reduktion beharrlich fort. Eine bessere Briefmarke mit Zu- und Abgang. Am hinteren Ende des Zimmerschlauchs zwei schmale, übereinander angeordnete Fenster, in dunklem Grün gerahmt. Jedes so groß wie ein Kopf. Das war's.

Doch um ausschweifenden Raum oder heimelige Atmosphäre dreht es sich hier nicht. Hier geht es ausnahmslos um Lebensgeschichten. Um Welten und ihre subjektive Wahrnehmung und Darstellung. Und so habe ich fest im Sinn, auch Musas Geschichten – jene über Morde und Plünderungen und all die anderen Schreckenstaten während der langen Monate in Syrien – vielleicht nicht immer kommentarlos, doch auf jeden Fall frei von Wertung hinzunehmen als das, was sie sind: Erinnerungen, oftmals zu eigenen, befremdlichen Wahrheiten getrübt, die jäh, bisweilen auch im Zuge ein und desselben Gesprächs in völlig andere Wahrheiten kippen können. Manchmal schwingen sich da Beobachter in der Wiedergabe zu Tätern auf, dann wieder bezeugen sie eigene Untaten wie aus dritter Hand. Manchmal sind es bei Männern wie Musa offenkundige Prahlereien, die mir zu Ohren kommen, dann wieder Beschwichtigungen, stark herabgespielte Versionen tatsächlicher Gräuel, dazu angetan, ein mögliches Strafausmaß im Vorfeld zu lindern. Oder sei es, dass ihr Eigner sie in der Rückbeschau nicht anders zu ertragen wüsste.

Für mich spielt es keine Rolle. Denn weder bin ich Ankläger, noch Richter. Weder urteile ich darüber, was mir zugetragen wird, noch prüfe ich es auf seinen Wahrheitsgehalt, noch trage ich es weiter. Ich bewahre es bei mir. Und wenn ich es nun hier wiedergebe, so geschieht es in einer anonymisierter Form. Die Berichte sind allesamt echt. Die Menschen sind es auch. Wie auch die Bezüge zueinander. Nur nicht die Namen. Und doch stehen sie paradigmatisch für die vielen Gesichter von Radikalisierung und Terror, aber auch für die vielen Gesichter, die das Leben an Möglichkeiten zur Läuterung bereithält. Schweigen darüber, was jedem Einzelnen im Detail widerfahren ist, insbesondere aber, was er selbst anderen angetan hat – genau das ist meine Pflicht. Daher gebe ich die Geschichten dieser Menschen anonymisiert weiter – auch, damit wir, die Gesellschaft, etwas daraus lernen, unsere Schlüsse ziehen. Ich spreche die Sprache dieser jungen Gefangenen. Aber auch die Sprache ihrer Jugend, denn ich bin ähnlich jung wie die meisten von ihnen. Und ich bin Muslim wie sie. All das, in Summe, ist meine Eintrittskarte zu den Seelen von

Menschen, die in aller Welt nichts als Angst und Schrecken verbreiten.

An diesem ersten Freitagmittag mit Musa stimmt etwas nicht. Und erst spät merke ich, dass ich es bin, der einigermaßen von der Rolle ist. Allzu kurz liegen die grauenvollen Attentate von Paris gerademal zurück. Die 130 Toten, ohne jede Gnade aus dem Leben gesprengt und niedergemetzelt auf dem Vorplatz des Stade de France, vor und in einigen Restaurants, insbesondere aber im Musikklub *Bataclan* am Boulevard Voltaire in der Stadt an der Seine, der irgendwann einmal jemand den Namen *Stadt der Liebenden* verpasst hat.

Es sind wie so oft die nichtig scheinenden Details, die allmählich an die Medien sickern und von dort zu den Menschen, um sich als schauderhafte Patina über die Seele zu legen, sich in ihr festzukrallen. Wie etwa, dass einer der Attentäter, ein vormaliger Busfahrer, inmitten des Schlachtens, inmitten der als Todesschwadronen losgesandten Maschinenpistolensalven die Bühne des *Bataclan* erreicht hat, um Xylophon zu spielen. *Xylophon.* Fast schon kindhaft-unschuldig anmutende Klänge wie zum Kontrast des unbegreiflichen Schreckens, Klänge, die das krasse Antlitz des Terrors nur noch stärker in die Erinnerung zementieren. Oder dass ein anderer Attentäter, den Sprengstoff an den Leib gegürtet, über dem Mantel eine Jacke mit Pelzbesatz und darüber eine Weste trägt und sich lächelnd bei den Gästen einer Brasserie entschuldigt, ehe er den Knopf drückt. Und wieder ein anderer, jetzt abermals im *Bataclan*, der gelegentlich am Laptop hantiert, während die Kollegen ihr Schlachten mit den Kalaschnikows ungerührt vollziehen. Bizarre Abfolgen von Linien und Zeichen seien auf dem Schirm zu sehen gewesen, sagt eine Zeugin später. Piktogramme einer Verschlüsselungssoftware, wie man bald weiß. Solche Dinge. Sie gehen nicht wieder weg, werden zu Sinnbildern sinnlosen Mordens.

Und so merke ich, während wir auf unsere Stühle sinken und Musa mich unsicher ansieht, dass ich ihn für einen kurzen Moment, unbewusst und auch ungewollt und auf eine rationell nicht nachvollziehbare Weise dafür, gerade dafür, was sich Stunden zuvor in Paris zugetragen hat, mit in die Pflicht nehme. Ob ich es nun will oder nicht, sagt eine Stimme in mir: *Du bist einer von ihnen.* Ob er nun in Paris mit von der blutrünstigen Partie war oder nicht. Ich besinne mich endlich.

»Rapid?«, frage ich. »Oder Austria Wien?« Der Klassiker zum Einstieg. Eisbrecher Fußball.

»Bayern«, sagt Musa.

»Ich auch«, erwidere ich, und alle beide lachen wir etwas spröde auf. Ausläufer eines Tattoos blitzen am linken Handgelenk auf, was es darstellt, bleibt Geheimnis seines Trägers und des langen Ärmels des schwarzen Kapuzensweaters, der die Abbildung verhüllt. Schon nach wenigen Minuten revidiere ich das Bild des farblosen Schwächlings, das ich bei der Begrüßung von ihm gefasst habe. Dieser Musa ist alles andere als gleichförmig. Alles andere als beliebig. Er scheint mir ein durchaus intelligenter Bursche zu sein. Wäre er in ein anderes Umfeld hineingeboren, überlege ich, wer weiß, vielleicht hätte er als Sohn eines

Mittelschichtvaters eine ansprechende Karriere gemacht. Hätte womöglich studiert. Etwas mit Geisteswissenschaften, denn die Art, wie er sein eigenes Leben reflektiert, zu Fragen religiöser, aber auch allgemein philosophischer Natur Stellung bezieht, hebt sich von der seiner Mitbewohner entschieden ab.

Hat Musa nun vergewaltigt, gemordet? Hat er es »nur« bezeugt? Ich weiß es nicht, doch ich weiß, dass es mich nicht abhalten darf von dem, um dessentwillen ich herkommen bin. Junge Menschen wie er, achtzehn, vielleicht zwanzig Jahre, sind trotz ihres schon bewegten Lebens nicht unwiderruflich an ihre blutige Vergangenheit verloren. Der Kampf, sie zurückzuführen ans Licht, muss bis zuletzt gefochten werden. Lebenslanges Wegsperren ist in den meisten Fällen nicht möglich und auch nicht sinnvoll, wie ich anhand zahlreicher Beispiele noch darlegen werde. Dennoch wird einer wie Musa in absehbarer Zeit wieder in Freiheit sein. Die Möglichkeiten von Polizei und Staatsschutz, ihn und Seinesgleichen rund um die Uhr zu überwachen, sind endend wollend, und die Ängste der Bevölkerung allseits greifbar. Und diese als Radikale aktenkundigen Menschen sind auch überaus ernstzunehmen, wie wir noch sehen werden.

Viel Arbeit ist im Vorfeld einer Entlassung aus der Haft nötig, und im weiteren Kontext auch viel Vorwissen: Wie etwa, dass rund zwei Drittel jener, die als Extremisten Eingang in die Karteien gefunden haben, zwischen fünfzehn und fünfundzwanzig Jahre jung sind. Und dass die allergrößte Anfälligkeit zur Radikalisierung sich nicht zufällig in den Jahren rund um die Pubertät zeigt – jene Umbruchphase, die mit Beendigung der rein körperlichen Wandlung bei weitem nicht abgeschlossen ist. Oftmals hält sie noch jahrelang an, kann auch erst sehr verspätet einsetzen. Auch der renommierte französische Psychoanalytiker, Professor an der Universität Paris-Diderot Fethi Benslama, nimmt darauf in seinen Studien Bezug, legt alarmierende Zahlen für sein Heimatland vor, die über weite Strecken eins zu eins auf Resteuropa umzulegen sind. Er spricht von *Adoleszenten* oder *jungen Erwachsenen, die sich in der Phase eines Moratoriums befinden, in dem die Adoleszenz möglicherweise ausgedehnt und die Krise verlängert wird.*

Von größter Bedeutung ist an dieser Stelle aber auch etwas anderes, das ich für alle Beispiele vorausschicken möchte, die Ihnen in diesem Buch noch begegnen werden: Natürlich sind die jungen Menschen, oftmals Heimkehrer von Kriegsschauplätzen, traumatisiert und auf eine gewisse Weise Opfer.

Doch in jedem Fall sind jene, die sich tatsächlich aufmachen, die tatsächlich den Bau einer Bombe oder was immer in Angriff nehmen, immer auch Täter, die – Jugend hin, Blendkraft her – sich niemals aus ihrer Verantwortung stehlen können. Musa steht da mit seinen 20 Jahren gewissermaßen im Zenit dieses Altershorizonts einer ausgeprägten Gefährdung in punkto Radikalisierung.

Heranwachsende müssen sich erst selbst in Grundzügen kennenlernen, ihren Platz im Leben definieren und einnehmen, getrieben von Hormonen, Emotionen, dem Drang, alles infrage zu stellen, dem flammenden Bedürfnis, Neues zu definieren, und vor allem sind sie auf der Suche nach Idealen, für die zu leben es sich lohnt. Oft genug haben junge Radikale in ihrer Kindheit, Jugend einen Mangel an Vorbildern erlebt, es fehlt ihnen an Vätern, an denen sie sich erst aufrichten und später, auf der Jagd nach einer eigenen Identität, reiben können. Ein Aspekt allemal, der bisher vielleicht im Stillen beobachtet, doch kaum beachtet worden ist. Jugendliche werden bei ihrer Suche bisweilen auf sich selbst zurückgeworfen, auf die Ursprünge ihrer Existenz, und wenn sie an ihren Ausgangspunkt zurückkehren, zu Fragen des Seins und Sinns – wenn sie wissen wollen, was das Leben von ihnen will, ja, dann ist es gerade bei schwachen, wankelmütigen Charakteren für gewiefte Hassprediger ein Leichtes, sie genau dort abzuholen und auf die komplexesten Fragen die scheinbar simpelsten Antworten zu bieten. Labilen Seelen Struktur und Halt zu geben, ist eine Kernkompetenz von Religion, bloß dass hier der Missbrauch in der Maskerade des Bösen in Erscheinung tritt. Diesen Verführern ist es eine spielerische Selbstverständlichkeit, verirrte Menschen einzufangen wie der Rattenfänger die Kinder von Hameln. Der zu entrichtende Preis ist zum einen für die Gesellschaft, und zum andern für die Betroffenen selbst unbeschreiblich hoch. Sie verlieren ihre Jugend ohne den Zugewinn eines Erwachsenenlebens, das lohnt.

Erst vor zwei Jahren (!) hat man auf der verzweifelten Suche nach Ursachen und Gegenstrategien zur Radikalisierung begonnen, die in dem Zusammenhang bis dahin schon *traditionellen* Disziplinen, allen voran die Soziologie, auf wissenschaftlicher Ebene zu ergänzen. Es sind tiefgreifende, dringliche Aspekte, die man erst nach und nach zu beleuchten beginnt. Die systematische Zusammenführung herkömmlichen Wissens mit der Psychiatrie, der Psychologie und Psychoanalyse steht also erst am Anfang, während der Terror, sechzehn Jahre nach 9/11, auch in Europa längst eisenharte Wurzeln geschlagen hat. Natürlich sind soziokulturelle Bedingungen, Armut, Mangel an Bildung und gesellschaftliche Ausgrenzung wichtige Faktoren, die den Abfall eines Jugendlichen zum Extremismus begünstigen – doch sie sind bei weitem nicht die einzigen (dazu aber an anderer Stelle noch mehr).

*

Seit sieben Jahren bin ich nunmehr *Imam hinter Gittern*, sprich: Seelsorger für muslimische Häftlinge, und seit einiger Zeit auch der Leiter der Gefängnisseelsorge für ganz Österreich. Imam zu sein heißt, durchaus ähnliche Aufgaben und Funktionen zu übernehmen wie ein christlicher Pfarrer, sieht man von Beichte und Ölsalbung ab. Auch Imame sind religiöse Leiter und Respektspersonen einer kleineren oder größeren Gemeinde. Sie sind Vorbeter und Prediger bei den Freitagsgebeten. Und natürlich zu den beiden großen Festen des Islam – dem Fest des Fastenbrechens am Ende des Fastenmonats Ramadan und dem Opferfest, das etwa siebzig Tage danach in Erinnerung an die Bereitschaft des Propheten Abraham begangen wird, seinen Sohn zu opfern.

Nur zwei weitere Justizanstalten (Salzburg und Stein) verfügen neben der Josefstadt über eine eigene Moschee. Die in Wien ist die kleinste, somit auch die kleinste Österreichs und im Untergeschoss des Gefangenentraktes angesiedelt. Linkerhand der dunkelgrünen Stahltür, überfrachtet von silbrigen Heizungsrohren, die querüber an der niederen Kellerdecke verlaufen und einigermaßen Lärm absondern, sodass eine Predigt bei offener Tür kaum möglich ist, stehen schlichte, weiße Regale, die die Hausschuhe der Betenden aufnehmen. Darüber ein von Häftlingen gemaltes Bild in frohen, bunten Farben. Es stellt eine Moschee dar, umkränzt von flammender Sonne und Himmel in harmonischem Farbverlauf. Darüber, als wäre es für jene gedacht, die es nicht glauben wollen, steht in fetten Lettern das Wort: MOSCHEE. Und, wie zur Unterstreichung dieses sehr speziellen Ortes, liegt ein allgegenwärtiger Moder in der Luft, der typische Kombinationsgeruch von Keller, altem Haus und Heizung. Ein Mahnmal der Vergänglichkeit.

Der eigenen, mehr aber noch zum Zeichen der Baufälligkeit, unter der die JA Josefstadt seit Langem leidet. Zur Rechten des Zugangs eine weiße Wand mit schwarzer Kalligraphie. Es sind arabische, mit Pinsel aufgetragene Schriftzeichen, die ersten drei Verse der 23. Sure im Koran: *Wahrlich erfolgreich sind die Muslime, die in ihren Gebeten voller Demut sind und sich von allem Sinnlosen fernhalten.*

Der Gebetsraum selbst ist maximal schlicht und ohne jene Art von Aura, wie man sie aus den großen Moscheen dieser Welt kennt, beispielsweise in Mekka, Medina oder Jerusalem. Aber auch aus der Hagia Sophia in Istanbul oder der Mezquita im südspanischen Córdoba, die eine Sonderstellung einnimmt, weil dort eine christliche Kathedrale auf einer vormals islamischen Moschee gebaut wurde und alle beide Gotteshäuser – auf beeindruckende Weise ineinander verschmolzen – die Kriege und Jahrhunderte mit all ihren Kriegen und Auseinandersetzungen wie auch menschlichen Animositäten überdauert haben.

Hier jedoch, im Keller des Gefangenenhauses in der Josefstadt, ist funktionaler Minimalismus angesagt. Auf die Installation eines *minbar*, der für Moscheen typischen Kanzel, von wo aus der Imam üblicherweise die Predigt hält, habe ich aus akuter Platznot verzichtet. Der Boden ist bedeckt von einer Handvoll billiger Teppiche, an der einen Seite sickert trübes Licht aus einem schmalen Fensterschacht hinab. Zuvorderst abermals die farbenfrohe, gleichfalls von Gefangenen und mit viel Engagement und Leidenschaft an die Wand geworfene Darstellung einer Moschee. Über der Kuppel mit golden funkelndem Halbmond ein pyramidenförmiger Wolkenhimmel, darüber eine breite, bis unter die Decke reichende Fläche in mattem Sonnengelb. Zu Beginn jener Schriftzug, jene Bekundung von Gottergebenheit, die von Extremisten aufs Schändlichste missbraucht wird und somit in Augen und Ohren der Gesellschaft zum Schlachtruf religiös motivierten Mordens verkommen ist: *Allahu akbar*. Gott ist der Allergrößte. Zur Rechten der Moschee abermals arabische Schriftzeichen, in Rotbraun diesmal. Vier Botschaften in vier Zeilen empfangen die Gläubigen:

Zuallererst die *basmala*, die Anrufungsformel, die mit einer einzigen Ausnahme alle Suren im Koran einleitet: *Im Namen Gottes, des Allerbarmers, des Allbarmherzigen.*

Darunter Sure 4, Vers 103, aus dem Koran (4:103): *Das Gebet ist eine Pflicht für jeden Muslim, die zu bestimmten Zeiten zu verrichten ist.*

Dritte Zeile, Sure Ihlas (112:1-4): *Gott ist Einer, ihm ebenbürtig ist keiner. Gott ist der Absolute* (der ewige Unabhängige, von dem alles abhängt). *Er zeugt nicht und ist nicht gezeugt worden.*

Vierte Zeile (16:44): *Wir haben den Koran hinabgesandt, damit sie nachdenken* (eine Sure, die meines Erachtens keinem einzigen IS-ler in ihrer Bedeutung eingängig oder wenigstens bekannt sein dürfte).

Die Fluktuation meiner Gemeinde ist naturgemäß groß, was im Wesen der JA Josefstadt begründet liegt. Potentiell sind es 350 Muslime. So viele muslimische Insassen zählt die Josefstadt bei Drucklegung dieses Textes, Ende Oktober 2017. Wer immer in Wien einer Straftat angeklagt wird, landet fürs Erste hier. Untersuchungshaft. Jene, die bloß kurze Strafen verbüßen, sind bald wieder weg. Jene, die besonders lange verbüßen – mehr als eineinhalb Jahre unbedingt – desgleichen, denn sie werden in andere Gefängnisse überstellt, wo sie den überwiegenden Teil ihrer Zeit hinter Gittern absitzen. Den einen oder anderen sehe ich wieder, wenn ich gleichsam auf Österreich-Rundfahrt gehe, soll heißen, meiner Aufgabe als Leiter der Gefangenen-Seelsorge im ganzen Land nachkomme. Die Josefstadt ist also gewissermaßen ein Zwischenlandeplatz für Gestrandete, und so entsteht meine rasch wechselnde Gemeinde größtenteils aus solchen, die auf ihren Prozess warten, oder solchen, die nach dem Urteilsspruch bald wieder wegdürfen.

Natürlich kommen und wollen nicht alle zum Gebet, doch der Andrang ist im Allgemeinen enorm. Ganz besonders zu den wichtigen islamischen Feiertagen. Viele muss ich dann abweisen, denn mehr als fünfunddreißig Gefangene dürfen am gemeinsamen Gebet aus Sicherheitsgründen nicht teilnehmen. Beim traditionellen Freitagsgebet (vergleichbar mit dem Sonntagsgottesdienst der Christen) habe ich eineinhalb Stunden Zeit für die Häftlinge. Vor dem Gebet folgt die *khutba*, die Predigt also, nach dem Gebet dann eine ausführliche Frage-Antwort-Runde. Für gewöhnlich öffnen sich die jungen Leute sehr rasch, denn sie wissen, dass hier keine Überwachung in Bild und Ton stattfindet (bloß eine Kamera ohne Mikrofon, die auch nicht aufzeichnet, bloß live mitfilmt, gedacht allein dafür, dass Wachpersonal im Notfall eines allfälligen Tumults während der Gebetsstunde einschreiten kann). Und sie wissen ferner, dass ich an meine Schweigepflicht gebunden bin. Sie vertrauen mir als einem der Ihren.

Neben Fragen eher allgemeiner, oftmals die Haftumstände umreißender Natur – »Ich möchte einen anderen Zellengenossen, Imam, können Sie mir helfen?« / »Warum gibt es kein Halal-Fleisch?« / »Könnten Sie meine Familie kontaktieren und sagen, dass es mir gutgeht?« / »Kann ich einen Gebetsteppich bekommen? Einen Koran in deutscher Sprache? Eine Gebetskette?« / »Ich habe noch nie gebetet, Imam, können Sie es mir zeigen?« / »Wie mache ich die rituelle Waschung vor dem Gebet?« / »Können Sie uns eine Kochplatte verschaffen, damit wir im Ramadan abends warmes Essen haben?« et cetera –, neben alledem also gibt es auch Themen, die den Insassen unter den Nägeln brennen, doch so persönlich sind, dass sie damit erst danach zu mir kommen.

Die Zettel mit Ansuchen für ein Vier-Augen-Gespräch türmen sich auf meinem Schreibtisch, den man mir dankenswerterweise von christlichen Seersorgern in der JA zur Verfügung gestellt hat, und ein Ende des Engpasses ist nicht in Sicht. Viele hunderte junge Muslime sind es mittlerweile, denen ich gleichsam in die Seele geblickt habe – und natürlich steigert die jahrelange Erfahrung die Effizienz der Betreuung entscheidend. Was ich vorfinde, folgt im Großen und Ganzen den immer gleichen Mustern, und so habe ich auch bereits ein Feingefühl dafür entwickelt, wem ich wie begegnen muss, um ihm zu bieten, wonach ihn dürstet: spiritueller Beistand durch einen Mentor, den er allein kraft seines Amtes respektiert, dem er vertrauen kann und der nichts will, außer Halt und Orientierung zu geben in einer ausnehmend diffizilen Lebenssituation. Egal, wie bedrückend und selbstverschuldet sie sein mag.

Nicht alle Mitglieder meiner ungewöhnlichen Gemeinde sind das, was man landläufig radikal nennt. Einige allerdings sind in hohem Maße gewaltbereit, gelten als brandgefährlich und stellen dies auch gelegentlich hinter den dicken, ansonsten verschwiegenen Mauern der JA unter Beweis. Sie alle subsumiert man unter dem Begriff »Islamisten« – eine Definition, die ich im täglichen Gebrauch aus meiner leidvollen Erfahrung des ständigen Vermengens von Islam und Islamismus ablehne (ich spreche also üblicherweise nicht von Islamisten, sondern von radikalen, oder gewaltbereiten Muslimen oder schlicht von Extremisten), eine Definition aber auch, mit der ich prinzipiell könnte, würfe sie nicht eine solche Vielzahl eklatanter Missverständnisse und Vorurteile auf, weil die Unterscheidung zwischen Islam und Islamismus im Volksmund und in den Massenmedien oftmals keine ist. Jedes neuerliche Attentat, jede neue, zutiefst verachtungswürdige und durch nichts zu entschuldigende Bluttat unter dem Segel des Schlachtschiffs Islamismus – vorgeblich begangen im »Namen des Islam« – treibt einen zusätzlichen Keil in unsere längst multikulturelle Gesellschaft, reißt die Gräben nur noch weiter auf.

Gerade hier, bei der strikten Trennung von Islam und Islamismus, ist es besonders wichtig, den verstellten Blick freizuschaufeln, einen neuen, anderen Blick zu werfen, hinein in die Tiefe der Thematik, der natürlich auch ein Blick in die Geschichte dieses so genannten Islamismus ist. Das hat mit jahrhundertelanger, systematischer Ausbeuterei durch Kolonialstaaten ebenso zu tun wie mit archaischen Mustern und Rollenbildern so manch muslimisch geprägter Länder, was beispielsweise Erziehung und Status der Frau betrifft. Extremisten verstehen es auf oftmals beklemmend brillante Weise, sich diesen massiven Wandel der Gesellschaft in der jüngeren Weltgeschichte zunutze zu machen, indem sie die Veränderungen als Verlust eines *religiösen Erbes* beklagen – und mit aller Gewalt den Erhalt dieses Erbes vorantreiben, das in Wahrheit nichts anderes ist als ein Mix längst überkommener Traditionen und Kulturen. Die Religion wird als Mittel gegen den Zerfall nur vorgeschoben und damit aufs Schändlichste instrumentalisiert.

Und diese Geschichte des so genannten Islamismus (das macht sie mitunter zu einem zutiefst innerislamischen Problem) ist auch eng verknüpft mit der Geschichte der Versklavung der Frau, der Stigmatisierung alles Weiblichen schlechthin.Überspitzt könnte man es als Selbstbefruchtung bezeichnen, eine Art ungewollter Schwangerschaft, die die Geburt einer nur noch schwer zu bändigen Bestie gezeitigt hat. Dennoch ist der Islam – dies an dieser Stelle vorausgeschickt, weil es gar nicht oft genug betont werden kann – zu keiner Zeit eine frauenfeindliche Religion gewesen, und er ist es auch heute nicht.

Ich erkläre das *meinen* Häftlingen bei jeder Gelegenheit in einfachen, eingängigen Worten, wieder und wieder – zitiere gebetsmühlenartig Stellen aus dem Koran, die explizit auf Stellung und Bedeutung der Frau im Islam gemünzt sind, weil ich sehe, dass viele junge Männer, geprägt durch Elternhaus und Verwandtschaft in den Herkunftsländern, oftmals mit genau diesen alten Modellen aufwachsen. Schon zu Zeiten des Propheten Muhammad haben die Frauen in der islamischen Gesellschaft eine bedeutende Rolle gespielt. Und so haben wir es bei dem

Phänomen Islamismus in erster Linie mit überkommenen Leitbildern zu tun, mit archaischen, vom Patriarchat geprägten Wertvorstellungen, die ins Kleid von Kultur und Tradition schlüpfen und dabei vorgeben, unabwendbarer Bestandteil der Religion zu sein. Damit wird ein grundfalsches Verständnis von dem vermittelt, was tatsächlich den Islam ausmacht, was tatsächlich im Koran festgeschrieben steht, was tatsächlich also der unverbrüchliche Wille Allahs ist.

Und noch etwas gehört hierher, weil untrennbar verbunden mit dem Phänomen Extremismus und dem politisch motivierten Missbrauch des Islam (in den Medien immer *politischer Islam* genannt) – es ist dies der Begriff der *Heuchelei*.

Seine Ursprünge reichen wiederum bis zu Napoleon und seinem Ägyptenfeldzug (1798) zurück, und seine Wirkmächtigkeit ist heute ausgeprägter denn je. Schon damals, in Berichten des reisenden Chronisten Henry Laurens beispielsweise, taucht immer wieder das Wort Heuchelei auf, wie auch der bereits erwähnte Psychoanalytiker Fethi Benslama aufzeigt. Der Begriff fußt auf dem arabischen *munafiq*, was ursprünglich jene beschrieben hat, die ihre Ungläubigkeit zu verschleiern versuchen, indem sie sich als Muslime ausgeben. Mehrfache missbräuchliche Umdeutung bzw. Verstärkung über die Jahrhunderte hat den Begriff im Bewusstsein heutiger Radikaler als das Übelste vom Üblen einzementiert. Er wird über all jene Glaubensbrüder gegossen, die sich – völlig zu Recht, wie ich meine – einer Politisierung ihrer friedfertigen Religion Islam verweigern, die Bestrebungen der Radikalen unterwandern und sich somit zu Todfeinden machen. Diese *Heuchler* stellen sich auf die falsche Seite, stehen in den Augen der Extremisten auf dem Podest des Verachtungswürdigen noch über den Ungläubigen.

Wie tief der Begriff Islamismus in den Köpfen vieler Menschen als Synonym für Islam Wurzeln geschlagen hat, zeigt auch folgendes, ausgenommen krasses Beispiel aus meinem eigenen Umfeld. Hätte ich es nicht selbst vom Betroffenen (im Nachhinein kleinmütig) bestätigt bekommen, bekäme ich es also bloß erzählt, ich würde es als launige, doch jeden Funken Wahrheit entbehrende Maskerade abtun.

Doch gerade dieses Beispiel zeigt eindringlich, was im Sprachgebrauch schieflaufen kann: Ein Kollege aus meinem ehemaligen Brotberuf islamischer Religionslehrer an einer Wiener Schule gerät eines Tages in Konflikt mit dem Vater eines Schülers. Anlass ist ein Missverständnis bei einer Gruppenarbeit, die als Aushang auf dem Schulgang gelandet ist und den Vater des Buben angesichts arabischer Schriftzeichen (im Unwissen, was die Schrift bedeutet) dazu anhält, heftig mit dem Lehrer zu diskutieren. Ein Wort ergibt das andere, eine Beschwerde bei der Direktorin folgt. Sie nimmt meinen Kollegen beiseite, fragt ihn eindringlich, ob es denn stimme, was der Vater behaupte, dass er nämlich zugegeben habe, ein Islamist zu sein.

»Natürlich bin ich Islamist«, ruft der Lehrer mit einiger Dynamik und auch Ernsthaftigkeit. »IslamIST. So wie ChrIST. Oder BuddhIST.«

Erst die Widerworte der Direktorin, welch fatale Wirkung Begriffe wie Islamist und Islamismus in unserer Gesellschaft zeitigen, bringt Aufklärung. Der Lehrer ist zutiefst bestürzt, auf welche – grundfalsche – Seite er sich (aus einigermaßen beschämendem Unwissen heraus) gestellt hat.

Apropos richtige oder falsche Seite: Richtig und Falsch sind Kategorien der Moral. Ich versuche in meinen Predigten und auch Einzelgesprächen, diese Moral von Anbeginn nicht wie einen unüberwindbaren Schild vor mir herzutragen.

Die Erfahrung lehrt mich, dass gerade das Antreten unter dem Panzer der Gerechtigkeit dazu führt, dass die allermeisten Gefangenen zwar wohlwollend nicken, doch augenblicklich zumachen. Sie machen zu, verpuppen sich zur Larve, die wider die Abläufe der Natur beschlossen hat, das Schlüpfen bleibenzulassen. Womit sich – mit dem Bild der Larve – der Bogen wieder auf den Tschetschenen Musa senkt.

Als Musa erstmals beim Freitagsgebet auftaucht, sticht er mir sofort ins Auge. Der Blick in eine Schar von fünfunddreißig Augenpaaren ist immer auch der Blick in die Gesichter der Proponenten gegenläufiger Strömungen und Ansichten. Da gibt es jene, die mit ehrlichem Eifer und angespannter Aufmerksamkeit bei der Sache sind, die ihrem Prediger jedes Wort von den Lippen ablesen und auch später in den Diskussionen viel preisgeben. Dann gibt es die Wankenden, die Unsicheren, die schon während der Predigt, scheint's, ihren inneren Kampf ausfechten, wieder und wieder die Stirn in Falten legen, schließlich aber nicht den Mut aufbringen, sich in der anschließenden Gesprächsrunde mit Fragen oder Kommentaren einzubringen. Vertreter der Gruppe der Gleichgültigen gibt es so gut wie nie, denn sie haben kein Interesse, ihren gläubigen Brüdern einen Platz zu versitzen. Und dann, am anderen Ende der Skala, finden sich jene, die dir als Prediger von Anbeginn signalisieren, wie klein und mickrig, welch ein Nichts du in ihren Augen bist. Die ihre Mundwinkel verächtlich herabziehen, Körpersignale purer Ablehnung aussenden, wie Gurus Grüppchen Gleichgesinnter um sich scharen und nicht selten die Predigt durch provokante Zwischenrufe stören.

Musa erscheint mir als Vertreter des Typus Wankelmut, Tendenz Larve. Ich nehme ihn als neues Mitglied meiner Gemeinde zwischendurch vermehrt in Augenschein, und ich sehe, er folgt meinen Ausführungen mit einigem Interesse. Selbst zu Wort meldet er sich aber nicht. Erst nach der Frage-Antwort-Runde fasst er sich ein Herz, tritt in einem unbeobachteten Moment dicht an mich heran. »Imam, darf ich zu Ihnen kommen«, haucht er mir ins Ohr. »Jetzt?«

Ich muster ihn kurz, lehne dann höflich, aber bestimmt ab. Ich hätte ein anderes, längst vereinbartes Treffen mit einem Gefangenen, der gleich dort drüben stehe und warte.

»Es ist dringend, Imam. Wirklich dringend!«

Musa blickt beschämt zu Boden. Er ist aufgewühlt, nestelt am Bündchen seines Kapuzensweaters, dann gleiten seine Hände fahrig an den Hosennähten auf und ab. Ich überlege nicht lange, nehme den wartenden Häftling beiseite und bitte ihn um Verständnis. Ein Notfall. Wenig später treffe ich Musa im Besprechungsraum im vierten Stock wieder.

Ein andermal, Musa und ich sind schon so etwas wie alte Bekannte, sitzt er anfangs nur mit hängenden Schultern da. Beklemmendes Schweigen legt sich über uns wie eine Decke aus schwerem Brokat. »Sie sind doch Imam«, sagt er endlich.

Irritiert blicke ich ihn an. »Natürlich, das weißt du doch.«

»Sie wissen also, was richtig und ist und was nicht. Sie wissen, was Allah will.«

Zweifel keimen in mir auf. Eine Zeitlang habe ich wohl gedacht, Musa gehörte zu jenen, die dem Bösen bereits abgeschworen haben oder wenigstens auf bestem Wege dorthin sind. Doch nun hat es den Anschein, als sei der innere Kampf des jungen Mannes noch lange nicht ausgefochten, als erleide er gerade einen massiven Rückfall.

»Sie haben heute in der Predigt viel über den IS gesprochen.«

Tatsächlich ist der *Islamische Staat* Hauptthema meiner Predigt gewesen. Aus wie so oft aktuellem Anlass. Ich habe davon gesprochen, wie grauenvoll Angriffskriege etwa im Nahen Osten oder auch Terroranschläge im Herzen Europas seien, wie sehr sie dem Willen Allahs entgegenstünden und wie perfide Zitate aus dem Koran immer wieder hergenommen würden, um genau das zu rechtfertigen.

»Ja, Musa«, sage ich. »Du hast meine Worte bestimmt noch im Ohr. Auch das Versklaven von Frauen widerspricht den Botschaften Allahs im Koran. Und das Töten anderer Menschen ebenso.«

»Ich bin jetzt seit drei Monaten hier«, sagt Musa. »Die ganze Zeit in der Haft denke ich darüber nach, ob ich falsche Dinge getan habe. Wahrscheinlich habe ich das. Aber dann wieder denke ich ...« Er verhält, sieht mich unsicher an.

Der Eindruck von Intelligenz und Einsicht, den Musa mir zuletzt vermittelt hat, scheint in diesem Augenblick wie weggewaschen, fortgespült unter den Ausläufern einer Masse von aufrührerischen Worten, mit denen einer oder mehrere Hassprediger ihm seinerzeit die Seele geflutet haben.

Der radikale Same aus Hass und Niedertracht wurzelt enorm tief, sodass er immer wieder aufkeimt. Und doch erkenne ich erste Anzeichen einer Reue, wiewohl auf noch sehr wackeligen Beinen stehend und permanent unterlaufen von Zweifeln – nicht zuletzt auch neu entfacht von radikalen Mitgefangenen, denen der allmähliche Sinneswandel ihres *Mitbruders* nicht zu entgehen scheint.

Doch Musa vertraut mir. Und so gibt er auch nach und nach preis, was sein früheres Leben ausgemacht, was diesen radikalen Wandel in ihm entfacht hat. Puzzlestein um Puzzlestein fällt Musas Weg – dieser durch und durch *klassische* Weg – zum Extremisten vor mir zu einem abgerundeten Bild zusammen.

Musas Eltern sind in den Neunzigern aus Tschetschenien geflohen. Er wie auch seine Schwestern Hatija und

Aisha wachsen bereits in Wien auf. Es ist eine Geburt in die Unterschicht. Eine Geburt in die Unterprivilegiertheit. Ein Katapultstart in Armut und gesellschaftliche Ausgrenzung. Der Vater, Fabriksarbeiter, verlässt die Familie kurz nach der Niederkunft seiner Frau mit der jüngsten Tochter. Musa hat ihn nie mehr wiedergesehen, weiß auch nicht, wo er sich seither aufhält.

Musas Verhältnis zur Mutter ist seit jeher innig. Sie zieht die Kinder alleine groß, sorgt für den kümmerlichen Unterhalt. Tagsüber jobbt sie bei einer Reinigungsfirma, abends und wochenends putzt sie in Privathaushalten. »Mama war oft nicht da«, sagt Musa. »Sie arbeitete ununterbrochen, hatte meist Rückenschmerzen.«

Als die Schwestern noch klein sind, passt er oft in der engen Zwei-Zimmer-Wohnung auf sie auf. Sie leben draußen in einer Wiener Siedlung am südlichen Stadtrand Wiens, einer jener immer häufiger anzutreffenden, zum Minighetto mutierenden Gegenden, wo die Kaufkraft der Menschen weitflächig und dramatisch ins Bodenlose sinkt. Aus unterschiedlichsten Gründen. Arbeitslosigkeit. Kriminalität. Oftmals eine Mischung aus beidem.

Die Schule schmeißt Musa bald hin. Er hat nicht mal einen Hauptschulabschluss. »Ich war nicht gerne dort«, rechtfertigt er sich. Er habe keine richtigen Freunde gehabt in der Schule, man habe ihn nicht gemocht. Freunde gewinnt er dafür rasch anderswo. Im Park, unweit der Wohnung. Mit ihnen verbringt er zunehmend Zeit. Man trifft sich. Bald regelmäßig. Bald jeden Tag. Oft kommt Musa überhaupt nur noch zum Schlafen nachhause. Abhängen im Park ist angesagt. »Wir haben nichts Schlechts getan«, sagt Musa. Nein. Damals noch nicht.

Die Zugehörigkeit zur Gruppe verleiht dem gestutzten Selbstwertgefühl der Burschen neue Flügel. Zusammen fühlt man sich stark. Zusammen fühlt man sich sicher. Irgendwann geht der neue Stolz soweit, dass man auch nach außen hin proklamiert: »Hey, Mann, wir sind keine Österreicher. Wir sind Ausländer.« Das grenzt ab. Und gibt ein Empfinden von Stärke.

Den meisten von Musas Freunden ist es wie ihm ergangen. Kein Schulabschluss. Keine Lehrstelle. Keine Perspektive. Warum sie keinen Job gefunden haben? »Weil wir Muslime sind«, sagen sie sich, sagen sie jedem, der es hören will oder auch nicht. Man wolle nicht, dass sie hier etwas erreichen. Putzen. Drecksarbeit verrichten, sagen sie. Das ja. Mehr nicht. Niemand akzeptiere, niemand brauche sie. Sie wissen nicht, noch nicht, dass das so nicht stimmt. Dass sie längst bei Menschen mit ganz eigenen Interessen auf dem Schirm stehen.

Als zwei neue Burschen sich der Gruppe im Park zugesellen, nehmen Musa und die Gang sie rasch auf. Mehmet und Ismael heißen sie. Sie erzählen vom Sinn des Lebens. Von Gerechtigkeit. Und sehr bald erzählen sie auch von Allah. Musa hat mit Allah bis dahin nicht allzu viel am Hut. Er ist als Muslim das, was man bei Katholischen oder Evangelischen einen Taufscheinchristen nennt. Der Glaube hat in Musas Familie bis dahin keine tragende Rolle gespielt. Doch was Mehmet und Ismael zum Besten geben, hat Charme, hat verführerische Kräfte und zieht nicht bloß

Musa rasch in den Bann. Erst zaudert er noch, als sie ihm den Gang zu einem *coolen Prediger* ans Herz legen. Es sei ganz in der Nähe. Ein winziger Raum in einem Hinterhof. Musa hat ein flaues Gefühl im Magen. Man hört so einiges von dieser Art von Predigern. Man hört auch, sie würden die Welten junger Menschen auf eine Weise verändern, die nicht immer die beste ist.

Doch dann schließen sich zwei seiner Freunde Mehmet und Ismael an. Sie kehren wieder mit ungeteilter Begeisterung, erzählen, wie klug, wie belesen, wie beredt, wie freundlich und gütig der Prediger sei.

Das überzeugt Musa letztlich. Wie auch die anderen aus der Gang. Musa wäre also der Einzige gewesen, der nicht mitgeht. Er weiß, er ist womöglich der Klügste unter ihnen. Doch er ist mitnichten der Stärkste. Und auch nicht der Charismatischste. Er ist einer, der eben mitgeht. Mitläuft. Der sich nicht gerne selbst ausgrenzt. Und so folgt er dem Beispiel, dem Druck der Gruppe.

Tatsächlich hat dieser Prediger etwas, das Musa elektrisiert. Er strahlt nichts Düsteres aus. Er verbreitet Zuversicht. Und Gewissheit. Eine Gewissheit, die Vertrauen begründet, die ihn unausgesprochen zu einer starken Persönlichkeit erhebt, einem Führer, ohne dass er hätte darauf pochen müssen. »Er war wie mein großer Bruder, den ich nie hatte«, sagt Musa. Weise. Stark. Unwiderstehlich.

Der Prediger ist aber nicht bloß großer Bruder. Er ist bedeutend mehr als das. Er ist auch *Freund*. Man trifft sich zum Paintball-Spielen. Man verabredet sich in einem Internet-Café, teilt den gemeinsamen Nervenkitzel bei *Coun-*

ter Strike, einem Egoshooter-Klassiker. Auch, insbesondere an schönen Tagen draußen im Park, lehrt er sie sein Wissen über Kampfsporttechniken. Und zwischendurch werden Allerweltspläne geschmiedet, wird gescherzt. Geplaudert. Über dies und das. Und über Allah. Später dann, in seinen Predigten, geht es schärfer, bedeutend konkreter zur Sache. Man hört von den Ungläubigen. Davon, dass sie nichts als den Tod verdienen. Davon, dass der Islamische Staat der richtige Weg, der einzig richtige Weg dorthin sei. Der Aufbau des IS sei in vollem Gange. Doch es brauche noch mehr Kämpfer. Unerschrockene, von Leben und Gesellschaft Benachteiligte wie sie alle.

Es ist dies ein durch und durch typischer Weg der schleichenden Radikalisierung, den Musa und seine Freunde da durchlaufen. Fast schon klischeehaft. Ein Klassiker, der in unzähligen Nuancen auftritt, letztlich aber, die immer selbe Maske des Bösen zeigt.

Bald schon ist Musa und seinen Freunden klar: Die Zeit des sinnbefreiten Abhängens ist vorüber. Ihr Leben muss endlich (wieder) einen Sinn bekommen. Man hat sie auserwählt.

Man gibt ihnen die einmalige Chance, sich nicht bloß als Rädchen mitzudrehen im knirschenden Weltgefüge, sondern selbst einzugreifen, selbst etwas mitzubestimmen, eine Aufgabe zu erfüllen. Eine Mission. Eine *göttliche Mission*. Man stellt ihnen ein Ideal vor Augen, das ausreichend groß ist, dass sie sich fügen und dahinter zurücktreten, als Einzelner, dass sie sich zum Teil einer Gemeinschaft machen, um letztlich darin zu verschmelzen.

Ja, sagen sie eines Tages. Sie wollen das jetzt auch. Der Prediger findet lobende Worte für sie. Dann wieder mahnt er sie, nicht vom gerade erst eingeschlagenen Pfad abzufallen. Höllenszenarien werden beschworen für jene, die es im letzten Moment doch tun, die Schwäche zeigen. Himmlische Fanfaren ausgebracht für jene, die sich unerschütterlich zeigen. Wechselbäder der Gefühle ergießen sich über sie. Doch Musa und seine Freunde bleiben standhaft. Jetzt erst recht.

Abermals lobt sie der Prediger. Und er zeigt sich auch auf andere Weise erkenntlich. Er organisiert ihnen ein Auto. Geld fürs Benzin. Es reicht weit. Unbehelligt erreichen sie die türkische Grenze zu Syrien. Hier nimmt alles seien Lauf. IS-Schergen nehmen den fleischlichen Nachschub in Empfang. Man gibt ihnen Waffen und klare Befehle. Tag eins von acht langen Monaten. Verabschiedung von der Familie hat es keine gegeben. Nur ein stilles Davonschleichen.

Irgendwann einmal, Wochen später, die eine oder andere Botschaft in die ehemalige Heimat. Damals denkt er nicht im Traum daran, er könnte sich eines Tages abermals klammheimlich aus seinem Leben davonstehlen.

Jetzt, hinter Gittern, will Musa Verantwortung übernehmen. Für seine Mutter. Für die Schwestern. »Ich habe sie im Stich gelassen, möchte für sie da sein. Was bin ich bloß für ein Mensch?« Sie denken bestimmt, hier im Gefängnis sei es ähnlich verheerend wie in einem Gefängnis in Tschetschenien. Ob ich vermittelnd einspringen könne? Zugleich beklagt er auch, dass es kein Halal-Fleisch gebe.

»Die Juden kriegen ihr koscheres Essen. Warum nicht auch wir?«

Musa fühlt sich als Opfer. Beim Thema *halal* kann ich ihm nicht helfen. Dafür gelingt es mir, ihn aus der Isolation der Einzelhaft zu holen, zu bewirken, dass er in eine Zwei-Mann-Zelle kommt. Musa erträgt die Einsamkeit nicht. Ein aus der Außensicht womöglich nichtiger Teilerfolg, doch er festigt Musas Vertrauen in mich zusätzlich.

Und so kommen wir abermals auf die Verantwortung zu sprechen – auf die Verantwortung abseits jener, die er neuerdings für seine Familie zu haben glaubt. Allzu rasch steht wieder das Wort Opfer im Raum. Unausgesprochen, doch klar umrissen wie ein Phantasma, das sich sichtbar macht, um jeden Zweifel über seine Existenz auszuräumen.

»Diese Verbrecher ziehen den Koran in den Dreck«, poltert er los.

Ich bin froh, dass er das so sieht. Doch dann, fast trotzig, setzt er hinterdrein: »Der Prediger ist schuld. Dieser Arsch!«

Wiederum einer dieser aufblitzenden Momente, da ich an seinem Prozess der Läuterung ernsthaft zweifle. Denn in diesen Momenten fühlt er sich nicht als Täter. Er ist, wenngleich er das Wort nicht in den Mund nimmt, Opfer. Opfer der Umstände. Zuerst die Sache im Park. »Wir haben uns gegenseitig hochgepuscht. Die Gruppe.«

Natürlich, denke ich. Nichts öffnet die Schleusen für Verführung und falsche Führung leichter und weiter als ein Gefühl von Verlorenheit, und doch kann und will ich ihn nicht aus der Pflicht seiner Täterschaft entlassen.

47

»Du hast also auch ... hochgepuscht?«

»Ich habe nicht damit angefangen.«

»Nein?«

»Nein. Ich wollte bloß dazugehören.«

»Und dann?«

»Der Prediger. Er hat uns manipuliert. Er hat Gehirnwäsche mit uns betrieben. Ich habe das nie gewollt. Glauben Sie mir, Imam! Die anderen auch nicht.«

»Du bist kein Opfer«, sage ich, um hinterdrein zu denken: *Du bist ein Täter. Ein Täter mit Ausrede.* Wie alle anderen auch, die unverzüglich irgendwelche Ausreden ins Treffen führen. Doch das sage ich nicht, denn meine Aufgabe als Seelsorger besteht nicht in der Aburteilung von Straftätern (was ohnedies vor Gericht geschieht), sondern in der Aufgabe, die Menschen wie Musa die eigene Einsicht zu fördern, sie gezielt hinzuführen zu dem Wendepunkt, wo sie ein Einsehen haben, wo sie ihre Täterschaft begreifen, die Schwere ihrer Schuld erkennen und für sich anerkennen.

»Du selbst hast die Entscheidungen getroffen«, sage ich also. »Du selbst hast gehandelt. Du allein.«

Musa reagiert geradezu wehleidig. »Wieso sagen Sie das, Imam? Sie kennen meine Geschichte. Was bin ich sonst als ein Opfer?!«

»Sind denn immer bloß die anderen schuld, Musa?«

Manchmal hat Musa Tränen in den Augen. Es hat den Anschein, als überfordere ihn seine Rolle im syrischen Krieg in der Rückbeschau. Was ist er? Ein gnadenloser Mörder? Ein Hetzer? Dennoch: Meine Worte über den Koran, über Allahs Wunsch eines friedfertigen Miteinanders der Menschen aller Konfessionen und Hautfarben, fallen auf fruchtbare Erde bei ihm. Wiewohl ich mir bis zuletzt nicht sicher bin, wieweit dieser Same der Wiederkehr ins Gefüge einer demokratischen Gesellschaft und ihrer Werte in ihm gedeihen wird.

»Ich sehe in dir einen Menschen, der sich auf die Suche nach Allahs Vergebung begibt«, sage ich.

Dafür müsse er allerdings bereit sein, die Frage der Verantwortlichkeit aufzulösen. Er müsse sich bekennen zu dem, was er getan hat. Vor sich bekennen. Und natürlich vor Allah. »Nur wer echte Reue zeigt, dem vergibt Gott.«

Wenn du Reue zeigst, wird dir Allah vergeben. Das ist eine der Kernbotschaften, mit der ich in der JA Josefstadt arbeite. Vielleicht haben junge Männer wie Musa ihre Probleme damit, weil ein barmherziger Gott für sie so wenig greifbar ist, weil er dem widerspricht, was ihm und Seinesgleichen von klein auf als Gottesbild indoktriniert worden ist.

Nicht erst ein verführerischer, mit der Gewitztheit eines professionellen Schauspielers auftretender Prediger gibt Menschen wie Musa das Bild eines »Nur-Strafenden« Gottes ein.

Oftmals erfolgt dies bereits in frühester Kindheit – als schändlicher Auswuchs einer nach wie vor sprießenden Gepflogenheit, die vorgibt, getreulicher Ausdruck des Koran zu sein, tatsächlich aber das Abbild archaischer Machtstrukturen ist. Eine Ausformung von Angstpädagogik, die längst über Bord geworfen gehörte.

»Schau«, sage ich dann, »Allah ist der Allgerechte, und so zieht er die Menschen auch zur Rechenschaft – auf seine Weise.«

In solchen Augenblicken, da ich den Zweifel an der prinzipiellen Barmherzigkeit Allahs in den Augen meines Gegenübers aufblitzen sehe, muss ich an meinen Großvater denken. Daran, dass er es gewesen ist, der mich maßgeblich auf meinem Weg zum Imam geprägt und begleitet hat. An seine Anfänge im deutschen Ludwigshafen, wohin er – dreitausend Kilometer von der Heimat, einer anatolischen Kleinstadt, entfernt – in den Siebzigern gekommen ist. Als typischer Vertreter der Gastarbeitergeneration. Erst Jobs am Bau. Später beim Chemieriesen BASF. Der mühselige Aufbau eines Stückchens Lebenswelt. Erst der Mann als Vorhut aus der Türkei ins Ausland, später Frau und Kinder nachgeholt. Wie man es kennt.

Großvater ist seit jeher ein Mann der Tat, und als solcher lerne ich ihn auch kennen. Er bringt seinen Sohn, meinen Vater, ebenfalls bei BASF unter. Und auch mir, Ramazan, soll dergleichen widerfahren. »Sie suchen Mechatroniker«, sagt Vater eines Tages, als er von der Arbeit heimkehrt. Für ihn liegt der Fall, *mein* Fall, klar auf der Hand.

Meine Pläne indes sind andere. Sowohl eine Jobmöglichkeit dort wie auch ein Angebot von der Universitätsklinik zu Heidelberg, wo man mich als aktenschleppenden Zivildiener kennengelernt hat und auch übernehmen will, schlage ich zum Entsetzen meines Vaters aus. Auch Halal-Metzger will ich nicht werden. Eine Marktlücke, braust mein Vater auf. Ich würde Millionen machen. Ich lehne entschieden ab, denn mir steht anders im Sinn. Auch bin ich meilenweit entfernt, ein einziges Huhn schlachten zu können. Obwohl ich Huhn für mein Leben gerne esse, und es auch nicht frei von humorvoller Pikanterie ist – aus heutiger Sicht –, dass meine Eltern mich ausgerechnet Ramazan genannt haben, benannt nach dem Fastenmonat Ramadan.

Das Thema Halal-Metzger scheint vom Tisch. Bis mein Vater mich am Vorabend meiner Abreise nach Wien (wohin es mich der Liebe wegen verschlägt) vom Abschiedfeiern mit meinen Freunden nachhause holt. Im Wohnzimmer blicke ich in sieben todernste Mienen. Mein Vater schweigt die ganze Zeit, die anderen jedoch, allesamt seine Freunde, beginnen, auf mich einzureden. Teils blumige, teils eindringliche Worte. Der Druck wächst und wächst. Ein Argument stichhaltiger als das andere. Ich müsse bloß die Ausbildung machen, sie würden den Rest organisieren. Alles würden sie auf die Beine stellen. Bis hin zum Schlachthof.

Ab und zu, wenn ich einen jungen Muslim vor mir sitzen habe, mir seine Geschichte anhöre – Abkehr vom Weg, Werdegang der Radikalisierung –, muss ich genau daran denken. An die grimmig entschlossenen Gesichter der Freunde meines Vaters, die dann erneut vor mir erstehen. An die Flut ihrer Argumente, die mich rumkriegen sollen. Natürlich ist die Karriere eines angehenden Halal-Metzgers mit der eines Extremisten nicht gleichzusetzen, doch ich sehe es als Parabel auf das Leben – dafür, wie wichtig es ist, sich nicht leichtfertig den Vorstellungen von Einflüsterern zu ergeben. Niemand kommt als Radikaler zur Welt. Erst die Umstände machen einen Menschen dazu, insbesondere aber die Aufgabe der Treue zu sich selbst und die Missachtung einer natürlichen inneren Stimme, die zur Vorsicht mahnt.

Nein, Halal-Metzger ist nicht mein. Stattdessen fliege ich nach Wien, folge dem Vorschlag eines Freundes, Islam zu studieren. Sein Rat fällt bei mir auf einen Boden, den mein Großvater da schon längst zu bestellen begonnen hat. Zwanzig Jahre zuvor, als er mir die ersten Prophetengeschichten vorgelesen oder aus dem Gedächtnis erzählt hat. Großvater ist selbst Imam. Wenngleich ehrenamtlich. Er lehrte mir: »Bete nicht aus Angst vor der Hölle. Bete nicht aus Gier zum Paradies. Bete aus Liebe zu Allah.« Unvergessliche Worte – im Übrigen der Leitsatz von Rabia Al Adawiyya, einer großen muslimischen Mystikerin, die einige Jahrhunderte nach Muhammad gelebt und gewirkt hat.

In ihm, Großvater, habe ich schon als kleiner Junge meinen privaten Religionslehrer erster Güte. Und diese Güte ist es auch, mit der er mir von Anfang an zur Seite steht, als sich mein Weg zu manifestieren beginnt. Auch heute noch schwingen die spirituellen Reden meines Großvaters über den Islam in mir fort. Als ich eines Tages, selbst längst Imam, offenbare, mit einem Rabbiner nach Jerusalem reisen zu wollen im Sinne einer interkonfessionellen Verständigung, raten Teile der Familie mir ab, allen voran mein Vater aus Angst, mir könnte im Nahen Osten etwas zustoßen. Abermals ist es Großvater, der mich bestärkt. Er hat mein Bild von Religion, von Zusammengehörigkeit aller Menschen früh geformt. Wie auch jenes eines barmherzigen, ganz und gar nicht »Nur-Strafenden« Gottes. Und auch, dass Allah all jenen vergibt, die aufrichtige Reue zeigen. Was immer sie getan haben.

Wenn du Reue zeigst, wird dir Allah vergeben.

Ich kann nicht mit Bestimmtheit sagen, ob Musa diese Schwelle zur Reue, zur uneingeschränkten Einsicht überwunden hat oder nicht. Das Gericht hat ihn zu einer mehrjährigen Haftstrafe verurteilt, als einen, der sich in Österreich nach § 278b des Strafgesetzbuches zu verantworten haben, dem so genannten Terrorparagraphen, der Schlagworte wie Hochverrat, Verhetzung, Terrorismus führt. Tage nach dem Richterspruch wird Musa in ein anderes Gefängnis verlegt, in Gemäuer außerhalb Wiens.

Ich habe ihn bis zum heutigen Tage nicht wiedergesehen – und doch wird er noch einmal in mein Leben treten. Auf eine hochdramatische, mein Dasein als Gefängnisseelsorger massiv beeinflussende Art und Weise.

SIND EXTREMISTEN ...
AUCH NUR MENSCHEN WIE DU UND ICH?

Jene tausenden Stunden, die ich nunmehr mit meiner Tätigkeit als muslimischer Gefängnisseelsorger in der Justizanstalt Josefstadt zubringe, stellen Tag für Tag aufs Neue ein Abtauchen in die Untiefen mir fremder Welten dar, schroffe, zerklüftete Seelenlandschaften, und wenn ich sie durchwandere, lerne ich von Mal zu Mal mehr darüber, wie diese zumeist jungen Männer (95 Prozent der mir Anvertrauten sind männlich) ticken, wie sie denken, wie sie fühlen, was sie dazu bringt, einen Weg einzuschlagen, der Menschen weltweit ins Verderben stürzt und jene, die den Terror nicht am eigenen Leib erfahren, vor dem Schreckgespenst seines jederzeit möglichen Auftretens erschaudern lässt. Und ich erkenne dabei, dass der Bedrohung, die von diesen Fundamentalisten ausgeht, zwei, ebenso fundamentale, Kommunikationsprobleme zugrunde liegen.

Das eine habe ich bereits am Beispiel des Tschetschenen Musa in Grundzügen angedeutet – und es ist wohl besonders schwer zu lösen, weil es ein gesamtheitlich gesellschaftliches Problem darstellt. Es hat mit einem eklatanten Mangel an Bildung zu tun, im Konkreten damit, dass die allermeisten Muslime, die in die Fänge von IS-Predigern geraten, wenig bis gar nichts über den Islam wissen, sich jedoch aufführen, als hätten sie die Heilige Schrift selbst verfasst. Sie haben zumeist nicht den blassesten Schimmer, was tatsächlich im Koran steht (kennen also nicht eine Sure), haben nicht den Funken einer Ahnung, was die Sunna vorgibt (was also Muhammad, der letzte Prophet, gesagt, getan oder gebilligt hat), und sind auch völlig blank, wenn es um die Hadithe geht, jene Aufzeichnungen also, die das Wirken des Propheten zeigen.

Koran. Sunna. Diese zwei Begriffe kommen im Zusammenhang mit dem Islam besonders häufig vor, und man sollte sie in ihren Grundzügen und Bezügen zueinander erfasst haben, um ein Gespür für die Mechanismen des Islam zu erhalten – einer Religion im Übrigen, die, wie wir noch sehen werden, mit Christentum und Judentum unwahrscheinlich viel gemein hat und sich weniger unterscheiden, als die meisten Menschen es für möglich halten würden.

Unter dem Koran versteht man nicht mehr und nicht weniger als das pure Wort Gottes. Von A bis Z. Was nicht gleichbedeutend ist mit dem Aufruf, auch alles wortwörtlich zu nehmen – schließlich gibt es ergänzende Prophetengeschichten, Metaphern et cetera. Wie auch die Verpflichtung, historische Bezüge nicht einfach auszublenden und die Heilige Schrift eins zu eins auf die Gegenwart anzuwenden.

Der Koran ist die unabänderliche, in allen Fassungen und Sprachen weltweit wortgleiche Botschaft Allahs an die Menschen, herabgesandt an den Propheten Muhammad im Verlauf von 23 Jahren. Sie weist 114 Suren mit einer unterschiedlichen Anzahl von Versen auf und besteht seit nunmehr 1400 Jahren in der ewiggleichen Fassung.

Der Koran ist die Hauptquelle der Muslime. Ihn jedoch, wie es oft geschieht, als direktes Gegenstück zur Bibel zu sehen, ist problematisch, wenn nicht grundlegend falsch. Die Bibel ist – im Vergleich zum Koran und sehr verallgemeinernd dargestellt – ein in epischer Breite abgefasstes Kompendium aus Gottes Wort, dem Wort Jesu, seinem Leben, seinen Taten, Bezeugungen durch die Apostel, mit all ihren Evangelien, Psalmen et cetera. Der Koran indes ist das pure Wort des Herrn. Unkommentiert. Darum bedarf es umso mehr einer Sunna und der vielen Hadithe, um ihn unter möglichst zeitgemäßer Deutung anwenden zu können, um also den Muslimen den Umgang mit ihm zu erleichtern und eine Praxisnähe für den Alltag herzustellen.

Die Sunna besagt, was Prophet Muhammed zeitlebens *tatsächlich* getan, gesagt oder gebilligt hat. Tatsächlich getan? Woher weiß ich das als Muslim oder auch bloß als ein am Islam Interessierter? Eine berechtigte, ganz und gar entscheidende Frage, an der sich auch die Gelehrten gelegentlich reiben. Hier kommen die so genannten Hadithe ins Spiel. Sie sind die verschriftlichten Überlieferungen, also Zeugnisse darüber, was Muhammad getan, gesagt oder gebilligt haben soll. Die Sunna (was Muhammad tatsächlich sagte und tat) findet sich in diesen Hadithen wieder, ist somit Teil einer Vielzahl von Büchern, in denen die Abertausenden von Hadithen gesammelt sind.

Viele dieser Hadithe sind oft belegt, hunderte Male und öfter, entstammen strikt voneinander abweichenden, historisch gesicherten Quellen und verfügen somit über eine äußerst hohe Glaubwürdigkeit. Andere wiederum sind bloß einige Male oder überhaupt nur einmal »belegt« und allein deshalb mit der allergrößten Vorsicht zu genießen.

Bei Hadithen dreht es sich demzufolge – in heutiger Diktion – um überwiegend kurzgehaltene Statements über Muhammad und sein Denken, Sagen, Tun. *Behandelt eure Frauen am besten*, ist etwa eines. Vielfach belegt. Äußerst authentisch. *Der Prophet hat gerne Datteln gegessen*, ein anderes. Was bedeutet das für mich, als ein Muslim, der in Wien lebt und nicht auf die nächste Palme klettern kann? Muss ich nun auch Datteln essen? Nein, natürlich nicht. Auch ist die Sunna keine Pflicht, sie legt Zeugnis ab über Leben und Wirken des Propheten. Muslime folgen der Sunna zum Beispiel beim Ablauf des Gebets.

Es sind dies zwei bewusst extrem kontrastierende Beispiele, die bloß veranschaulichen sollen, worum es geht. Und aufzeigen, dass dem Missbrauch von Hadithen Tür und Tor geöffnet ist, stoßen sie auf – nennen wir es – *unmündige, religiös unbedarfte* Muslime, Menschen also, die wenig bis nichts über den Islam wissen. Eigenes Unwissen einzugestehen ist dem Menschen seit jeher ein Gräuel. Trifft einen Muslim dieser Vorwurf, wiegt er doppelt schwer, denn der Islam dient vielen Menschen identitätsstiftend, ist also für das Selbstverständnis und Selbstwertgefühl von entscheidender Bedeutung, tragen sie doch ihr Bekenntnis im guten Glauben wie eine lodernde Fackel ihrer selbst vor sich her.

Gerade in jüngerer Zeit sprießen solch zweifelhafte, wahllos erfundene Hadithe wie Giftpilze nach einem warmen Spätsommerregen, insbesondere über das Internet.

Selbstverständlich lassen sie sich bei genauer Beschau nicht aus des Propheten Leben ableiten, nicht in dieser oder auch nur ähnlicher Form. Doch wen interessiert's, solange sie nicht hinterfragt werden? Und so geistern sie als angebliche Worte, Gedanken, Taten oder Neigungen des Propheten in unüberschaubarem Wildwuchs durch die islamische Welt, und sie öffnen – weil unreflektiert für bare Münze genommen – extremistischen Umtrieben Tür und Tor.

Wer also nicht wenigstens in Ansätzen Bescheid weiß, ist dem, was ihm ein x-beliebiger Hinterhofprediger (aber bisweilen auch selbsternannte Autoritäten) aufschwatzt, auf Gedeih und Verderb ausgeliefert. Und so fällt es auch vielen meiner Häftlingen wie Schuppen von den Augen, wenn sie erstmals im Leben mit dem Koran, dem unverfälschten Wort Gottes konfrontiert werden und ich ihr falsches Islambild mit seiner tatsächlichen, friedfertigen Natur und einem gütigen, barmherzigen und gerechten Gott zu korrigieren versuche. Dass solche Bestrebungen einer Richtigstellung gerade Imame der Islamischen Glaubensgemeinschaft, wie auch ich einer bin, bei IS-Propagandisten auf ihrer schwarzen Liste der Todfeinde stellen, ist nicht weiter überraschend. Unsereins wird als bedrohlicher denn jeder *Kreuzzügler* eingestuft – worunter Extremisten nicht bloß die Teilnehmer an den christlichen Kreuzzügen des Mittelalters verstehen, die die päpstlichen Heere bis Jerusalem geführt haben, sondern auch jene an der späteren Reconquista, die mit besonderer Grausamkeit (und ebenfalls »im Namen Gottes«) gegen Muslime und

Juden geführte Wiedereroberung und »Säuberung« der Spanischen Halbinsel nach fast achthundert Jahren maurischer Herrschaft – abgeschlossen 1492 mit dem Fall von Granada, der letzten arabischen Bastion in Andalusien.

Dass der IS in seinen Propagandaschriften zum Kreuzzug gegen Imame aufruft, verschärft meine persönliche Situation. Immerhin stehe ich in der Öffentlichkeit und bin als Leiter der Islamischen Gefängnisseelsorge darum bemüht, schwarze Schafe zurück auf den Pfad der Tugend zu leiten. Dennoch werde ich nicht müde, mich tagein tagaus gegen jede Form von Extremismus und für die Bekämpfung von Terror auszusprechen. Auch habe ich eine entsprechende Deklaration initiiert und – mit dreihundert Imam-Kollegen – unterfertigt. Das ist das Mindeste, was ich tun kann, tun muss.

Erst kürzlich hat der österreichische Verfassungsschutz die *Islamische Glaubensgemeinschaft in Österreich* darüber informiert, dass die offizielle, im *Darknet* kursierende Zeitschrift des IS dazu aufgerufen hat, alle Imame der *Unislamischen Glaubensgemeinschaft in Österreich* zu ermorden:

Tötet sie allesamt, indem ihr sie schlachtet, ihnen die Köpfe abschneidet, sie in die Luft sprengt, mit dem Auto überfahrt oder auf eine andere Weise eliminiert.

Nicht gerade ermunternde Worte. Und doch – darin herrscht unausgesprochener Konsens in der Welt der aufrechten, dem friedfertigen Weg des Islam dienenden Imame – dürfen wir nicht einen Augenblick zögern, unsere Arbeit fortzuführen, das Wissen der Menschen über den

Islam zu stärken. Auch wenn es mir manchmal kalt den Rücken hinabläuft, wenn ich zum hundertsten, tausendsten Mal den Satz höre:

Imam, ich schwöre, das habe ich nicht gewusst.

Ja, da ist er wieder, dieser fundamentale Mangel an Bildung, das Unwissen über die eigene Religion, das so viele Missverständnisse und Probleme heraufbeschwört. Und dann wäre da noch dieses zweite fundamentale Kommunikationsproblem, das ich eingangs angesprochen habe. Schon sehr bald, bereits in der allerersten Woche meiner seelsorgerischen Tätigkeit in der Josefstadt, wird es mir vor Augen geführt. Wir springen einige Jahre zurück. Ich bin im letzten Semester an der Islamischen Akademie, sehe mein Leben als Religionslehrer bereits in allen Facetten vor mir erstehen, habe auch bereits erste Erfahrungen als Imam gesammelt. Ehrenamtlich. Ganz wie mein Großvater.

Dann, eines Tages, bittet mich ein Seelsorger unvermutet um ein Gespräch. Ich habe noch nie mit dem Mann zu tun gehabt.

»Wir suchen einen Imam für die Häftlinge in der Josefstadt. Vor allem für die jungen Insassen. Du bist mir empfohlen worden.«

»Ich?« Ich reagiere spontan und dabei sehr entschieden. »Nein«, sage ich. »Es tut mir leid. Sehr freundlich von Ihnen. Ich fühle mich durchaus geehrt, aber im Gefängnis ... nein, das ist nichts für mich.«

»Überleg es dir, bitte. Diese jungen Menschen brauchen dich«, sagt er, sieht mich unverwandt an.

Etwas in seinem Blick, seiner Gestik erweckt Mitgefühl in mir, und als er mich bittet, wenigstens einmal, ein einziges Mal nur mitzukommen, willige ich ein. Was soll's, sage ich mir. Seinem Wunsch ist damit genüge getan. Es verpflichtet mich zu gar nichts.

Natürlich kann ich als junger Imam nicht einfach bei der Justizanstalt zur Pforte hineinmarschieren. Eine strenges Vor-Prozedere ist vonnöten. Also werde ich bei der Islamischen Glaubensgemeinschaft vorstellig. Dort bescheinigt man mir dreierlei (wobei ich gestehen muss, für einen Moment gedacht zu haben, bei Punkt 1 handle es sich bloß um eine Spielart österreichischen Humors):

1. Ich kann (als gebürtiger Deutscher) Deutsch.
2. Ich bin theologisch gebildet.
3. Ich verfüge über soziale Kompetenz.

Ziemlich viel Aufwand, denke ich noch, für einen einmaligen Besuch im Häfen. Zumal ich auch die Zustimmung aus dem Justizministerium benötige. Dennoch bin ich dem Mann im Wort, und mit der Bescheinigung meiner Tauglichkeit im Gepäck fahren wir in die JA Josefstadt. Wenig später baumelt ein befremdliches Kärtchen an meiner Brust, ein beklipster Ausweis mit eingeschweißtem Foto und dem sehr amtlichen Vermerk: *Demir, Ramazan. Seelsorger.*

Es ist eine Flut von Eindrücken, die über mich hereinbricht. All die gestreng dreinblickenden Justizwachebeamten. All die Sicherheitsschleusen. Die hallenden Korridore. Das Wirrwarr von Stockwerken, Zellentüren. Die ersten Gefangenen, die mir entgegenschlurfen und bisweilen misstrauische Blicke zuwerfen. Der Seelsorger geleitet mich in den Keller der Anstalt. Dort erblicke ich erstmals die aufgehende Sonne über der Moschee an der Wand, der Eingang dieses mir inzwischen so vertrauten Raumes. Das kleine Zimmer ist bereits randvoll. In der Sekunde, da wir es betreten, verstummt das zuvor muntere Gebrumme aus knapp drei Dutzend Kehlen, und ebenso viele Augenpaare hängen auf mir – diesem jungen, hier nie zuvor erblickten Wesen.

Genau da wendet sich mir der Seelsorger zu. «Ich habe eine Überraschung für dich, Ramazan«, sagt er.

»Ach ja? Eine Überraschung?«

»Ja, eine Überraschung«, echot er. Ein schelmisches Lächeln umspielt ihm die Lippen. »Heute hältst du die Predigt.«

Er hat mich ins eiskalte Wasser gestoßen. Und ich bin, zu meiner eigenen Verblüffung, geschwommen. Wie ein Fisch, der nichts anderes tut als ... zu schwimmen. Fünfunddreißig Gefangene sitzen da vor mir, zwischen vierzehn und einundzwanzig Jahre jung, und vor ihnen ich: der jüngste Imam Österreichs, mit Anflügen von Panik, Herzrasen. Doch dann geht es wie von selbst. Ich predige drauflos, und es funktioniert. Ich spreche in ihrer Sprache, mit ihren Worten der Jugend zu ihnen, und ich weiß auf einmal auch, was ich ihnen wie zu sagen habe, wo ich sie mit meinen Worten abholen muss. Meine Unsicherheit ist auf wundersame Weise verflogen, und ich verspüre nur noch die ihre, die mir entgegenfliegt, ihre Ängste, Nöte,

Hoffnungen auf eine Linderung im Jetzt, auf ein besseres Danach. Als am Ende der Predigt ein junger Muslim, keine siebzehn, an mich herantritt und mich spontan umarmt und fragt, ob ich zum nächsten Freitagsgebet wiederkomme, ist es um mich geschehen, und mein halbherziger, nur im Stillen abgelegter Schwur, dieses Haus nie wieder zu betreten, Geschichte.

Im Gehen noch bitten sie mich, ihnen Bücher mitzubringen. Über den Islam. In deutscher Sprache. Auf Türkisch. Arabisch. Bosnisch. Russisch. Und natürlich die Heilige Schrift selbst. Augenblicklich werde ich gewahr, dass auch diese Menschen, die durchwegs gravierende Verbrechen begangen haben, etwas benötigen, woran sie sich klammern können, was ihnen Halt verleiht. Egal, wie groß die Schuld sein mag, die sie auf sich geladen haben.

Bereits nach kurzer Zeit bekomme ich es mit *meinem* ersten Schwerstverbrecher zu tun. Kein Extremist im engeren Sinne, demzufolge keiner, der in den Krieg gezogen ist oder eine Bombe unter einem Sitz in der U-Bahn deponiert hat. Sein (auch unter Muslimen weit verbreiteter) Name ist Adam, neunzehn Jahre jung, von drahtiger, solide durchtrainierter Statur. Seine Haut ist an einigen Stellen milchig, fast wie von Butterpapier. Wie lange hat er wohl keinen Sonnenstrahl mehr abbekommen, erwäge ich. Und dann ertappe ich mich bei dem Satz zu mir: Du siehst nicht aus wie ein Mörder.

Wie sieht denn ein Mörder aus? Adam ist aber genau das. Ein Mörder. Ein Schwesternmörder, um präzise zu sein. Sie hieß Esra, war um zwei Jahre älter als er und beging den tödlichen *Fehler*, ein Leben führen zu wollen, welches den archaischen Mustern der Familie entgegenstand. Eiskalt ermordet von ihrem Bruder, weil sie Schande gebracht hat.

Rasch erfahre ich Einzelheiten. Esra hat sich mit einem Mann eingelassen, außerehelichen Sex gehabt. Adams schale Wahrheit liegt rasch vor mir da, unmissverständlich legt er offen, was er davon hält, zu halten hat. Gilt es allerdings, tiefgreifender zu werden, fängt es an, an den Grundfesten seiner Überzeugungen zu rütteln, gibt Adam sich unzugänglich. Er macht einen auf Larve. Jetzt, hier, vor einem Imam einzugestehen, was er falsch gemacht haben könnte, käme einer Erosion seiner Existenz gleich. Er müsste aufgeben, woran er unverbrüchlich geglaubt hat. Sein Dasein hätte mit einem Schlag keinen Sinn mehr, das Absitzen der vermutlich 15 Jahre, die er meiner damaligen Einschätzung zufolge ausfassen würde, wäre tote Zeit, der eine wiedererlange Freiheit folgen würde, die wiederum aus nichts anderem bestünde als: toter Zeit.

Dennoch versuche ich, die errichtete Mauer zwischen uns einzureißen. »Sie wollen Imam sein«, herrscht er mich eines Nachmittags an. »Sie haben keine Ahnung.« Hasserfüllt funkelt er mich an, dreht ab.

Doch dann folgt zu meiner Überraschung der Tag, der alles in ihm zu verändern scheint. Ich weiß mittlerweile Näheres zu seiner grauenvollen Bluttat, die als so genannter Ehrenmord für Schlagzeilen gesorgt hat. Adams Großvater, der ihm wie ein Leitstern am Himmel gestanden ist, hat den Auftrag zur Exekution erteilt. Wir führen die schon altbekannte Diskussion.

»Woher weißt du, dass das, was du getan hast, islamisch ist?«

»Mein Großvater hat es gesagt.«

»Und woher weiß dein Großvater das?«

»Er betet immer. Er weiß das. Großvater weiß Bescheid, was recht ist und was nicht. Großvater hat es mir befohlen.«

»Großvater«, murmle ich vor mich hin, eingedenk meines eigenen. Ja, Großväter können in die eine und in die andere Himmelsrichtung strahlen. Mehrere Messerstiche hat Adam gegen seine Schwester geführt. Mit voller Härte. Stiche, die die Obduktion als jeden für sich tödlich qualifiziert. Sie stellen anscheinend die zweifelhafte *Ehre* der Familie wieder her.

Mitten im Gespräch kippt Adam unvermutet, wird kleinmütig, wie gebrochen unter einer tonnenschweren Last. »Meine Schwester«, haucht er.

Ja?«, erwidere ich. »Was ist mit ihr?«

»Ich ...« Er verhält, schweigt unter Tränen, bricht zusammen und kann erst nach einigen Minuten weitersprechen.

»Ich werde Esra nie wiedersehen.«

»Warum hast du sie dann getötet?«, möchte ich fragen.

»Natürlich wirst du sie ... nicht ... wiedersehen.« möchte ich sagen.

Auch Adam war, ist Gefangener einer kruden Idee von Religion, die in Wahrheit der bitterböse Auswuchs von überkommener Kultur und Tradition ist, die auf so brutale Weise ins Heute hereinstrahlt. Natürlich macht so etwas Angst. Auch wenn – gerade nach Terroranschlägen in Europa – vermehrt ein kollektives, demonstratives Zusammenrücken der Gesellschaft erfolgt. Wenn – Barcelona sei hier zum Beispiel aus der jüngsten Vergangenheit genannt – die Gesellschaft zusammensteht, nachdem ein Lieferwagen mit Höchsttempo über den Boulevard Las Ramblas gerast ist und die Menge aus Flanierern und Einkäufern durchpflügt und vierzehn Menschen in den Tod gerissen hat, wenn diese geschockte Gesellschaft auf Spruchbändern über Kopf ihre Einheit demonstriert wie auch aus tausendstimmigen Chören gerufen:

Wir haben keine Angst.

Und doch ist diese Angst da. Natürlich ist sie das. Sie ist auf beklemmende Weise lebhaft, hoch gegenwärtig in den Köpfen vieler Menschen, hereingetragen in der wahnhaften Auslegung eines Islam, den es so nicht gibt, nie gegeben hat. Und so kann natürlich auch ich keinen einzigen Grund benennen, der es erlauben, rechtfertigen würde, diese Taten in ihrer Grauenhaftigkeit, in all ihrer unmenschlichen Gnadenlosigkeit auch nur um eine Nuance herabzumildern, sie zu verharmlosen. Und so sehr kein Zweifel an der Gefahr bestehet, die von radikalisierten Muslimen ausgeht, so sehr glaube ich dennoch daran, dass eben diese Menschen für die Gesellschaft nichts als ein schemenhafter Schattenriss an einer Wand sind. Grausame, mordlüsterne, unkalkulierbare und letztlich im Wortsinne entmenschlichte Gespenster, derer man nicht wirklich habhaft wird, deren Antlitze beliebige, austauschbare

Masken des Bösen sind. Aber – und das ist meine aus der jahrelangen Arbeit mit ihnen gespeiste Botschaft, mag sie noch so befremdlich oder zynisch erscheinen angesichts des Schreckens, für den diese Attentäter stehen –, sie haben mir über die Jahre das zweite, fundamentale Kommunikationsproblem vor Augen geführt. Wie ein offenes Buch. Sie haben mir eindeutig Antwort gegeben auf die eingangs gestellte Frage: Sind Extremisten ... auch nur Menschen wie du und ich?

Ja, definitiv.

AUSERWÄHLT VOM BÖSEN.
WIE MUSLIME RADIKAL WERDEN.

Ali zieht die Tür zu seinem Zimmer hinter sich ins Schloss. Es ist dies sein erklärter Lieblingsplatz. Nicht ohne Grund, denn Ali weist eine Besonderheit auf, die ihn bestärkt, nur hier in Sicherheit zu sein. Wiewohl er ein ganz gewöhnlicher Junge seines Alters zu sein scheint. Im vergangenen Jahr hoch aufgeschossen, motorisch manchmal vielleicht etwas unbeholfen. Ein paar Pickel im Gesicht. Der Stimmbruch in vollem Gange. Ali ist sechzehn.

Wie so oft ist es mucksmäuschenstill im Haus. Es ist Samstagnachmittag. Der Vater arbeitet in der Fabrik. Rund-um-die-Uhr-Betrieb. Schichtdienst. Mutter hat Shirin, Alis kleine Schwester, mit zum Einkaufen im nahen Shopping-Center genommen. Ein neuer Wintermantel soll her. Ali hat abgelehnt, ebenfalls mitzukommen. Nein, er müsse lernen.

Die Lehre als Mechaniker sagt ihm zu. Er ist technisch gleichermaßen interessiert wie begabt. Richtige Freunde hat er keine. Ali ist ruhig, verschlossen, tut sich schwer darin, Anschluss zu finden. Auch in der Berufsschule und an seinem Ausbildungsplatz gibt er den Einzelgänger.

Das ist nicht immer so gewesen. Bis – noch in der Volksschule – die Sache mit dem Auge geschieht. Diese unliebsame Besonderheit, die Ali glauben macht, er müsse sich von der Umwelt abkanzeln. Beim Überklettern eines Maschendrahtzaunes fällt er auf der anderen Seite unglücklich zu Boden, verletzt sich das Gesicht an einem Haufen Schrott schwer. Seitdem ist er einigermaßen entstellt, wie er findet. Obendrein ist er ein Türke in Österreich. Und in der Türkei, genau genommen in dem kleinen Dorf nahe Ankara, wo Alis Großeltern wohnen und wohin er gelegentlich auf Verwandtenbesuch kommt, ist er Österreicher.

Mutter sagt, das mit dem Gesicht würde er sich bloß einbilden. Die Narbe sei nicht allzu groß, lasse ihn sogar auf eine leicht anrüchige Weise männlich erscheinen. »Sieh doch in den Spiegel«, sagt sie. Ali sieht das entschieden anders, kann keinen Funken Erwachsenenstolz daraus ableiten. Die Blicke, die er bei jeder Gelegenheit auf sich ruhen spürt, sprechen eine andere Sprache. Also zieht er sich lieber zurück. Auch hat das Alleinsein eine völlig neue Qualität erhalten, seit er Herr eines eigenen Computers ist. Ein Geschenk zum fünfzehnten Geburtstag. Die Freunde, nach denen er sich insgeheim so sehr sehnt, klopfen seither digital bei ihm an. Bis tief in die Nacht sitzt Ali oftmals am Laptop.

Die mahnenden Worte der Mutter, den Blechtrottel Blechtrottel sein zu lassen und schlafen zu gehen, verhallen spätabends zumeist ungehört. Ein Versuch. Ein zweiter. Dann lässt Mutter es bleiben. Sie muss früh raus, arbeitet in einem Supermarkt. Und der Vater ist ohnedies kaum da. Körperlich vielleicht. Aber nicht als ein Vater, der sich in das Leben seines pubertierenden Sohnes einbringt. Das Leben, das die hart arbeitenden Eltern ihren Kindern in der Kleinstadt in Niederösterreich, unweit von

Wien, ermöglichen, ist als bescheidender Wohlstand anzusehen. Ein kleines, doch feines Häuschen. Ein Auto. Zwei
Fernseher. Und wenn Ali sich hinter den eigenen Bild-
schirm klemmt, hat er oft genug noch frisch den Küchen-
duft in der Nase. Oder den von Putzmitteln, wenn Mutter den Boden gewischt hat. Der zitronenfrische Geruch
durchwabert dann das ganze Haus. Alles ist blitzeblank,
nahezu steril. Darauf legt Mutter besonderen Wert.

All dies ist, wie so oft, bloße Fassade. Dahinter köchelt
längst, was sich bald schon als Familienalptraum ans
Licht kämpft. Heute Nachmittag ist Ali einigermaßen an-
gespannt, um nicht zu sagen: fiebrig nervös. Alis Finger
fliegen über die Tastatur. Sein eines Auge, das mit der
Narbe, zuckt ungebändigt auf und ab. Er denkt an die vergangenen Monate, daran, wie sehr sein Leben sich in dieser Zeit gewandelt hat, ohne dass es jemand gemerkt hat.
Hofft er jedenfalls. Nein. Sie haben bestimmt nichts mitbe-
kommen. Ali begeht diesen Nachmittag mit noch größerer
Heimlichtuerei als üblich, und mit einer Prise Feierlich-
keit. Ali will eine Bombe bauen. Nicht zu klein soll sie sein.
Zwanzig Menschen, zwanzig Ungläubige, vielleicht auch
mehr, soll sie ins Jenseits befördern.

Da ist niemand, der ihn dazu angestiftet hat. Nicht persönlich. Schließlich geht Ali ja kaum unter Menschen. Er
hat seinen Schub Hass und Misstrauen, seinen bizarren
Veränderungswillen der Gesellschaft anderswo getankt.
Da ein Eintrag im World Wide Web, dort ein Eintrag. Da
ein Chat, dort ein Chat. Dann erste Videos. Immer mehr
Videos. Kluge Männer predigen darin. Sie sprechen von

Ungerechtigkeit und Ausgrenzung und neuer Stärke und ihm, Ali, mehr und mehr aus der Seele. Immer schärfere, eine immer deutlichere Sprache sprechende Videos zieht er sich rein. Einmal, in einem Chat, wird er auf sein Profilbild angesprochen. Es zeigt das Konterfei eines Mannes mit Narbe. Ähnlich der seinen, nur noch markanter.

»Das bist nicht du«, sagt eine Tastatur am anderen Ende. Wo auch immer das sein mag.

»Und wenn?«, schreibt Ali zurück.

»Wenn du das bist, siehst du aus wie einer von uns.«

Ali antwortet mit einem Smiley, loggt sich aus. Und beschließt, künftig auf eigene Faust zu handeln. Weil er sich dann vor niemandem für nichts rechtfertigen muss. Er hat ausreichend gelesen, um zu wissen, was er tun will. Auf die Schliche kommt man ihm, weil er auf der Website eines unter Beobachtung stehenden Hasspredigers das eine oder andere Posting hinterlassen und sich auch bei der Recherche im Netz nach Bauplänen für eine Bombe leidlich auffällig benommen hat. Der Verfassungsschutz zieht Ali aus dem Verkehr, ehe er die Höllenmaschine bauen kann, ehe er überhaupt alle Teile dafür beisammenhat.

Was ist geschehen mit Ali, Sohn einer redlichen türkischen Arbeiterfamilie? Was hat ihn den Plan fassen lassen, wildfremde Menschen – Frauen, Männer, Kinder, Jugendliche wie er, völlig egal – ins Verderben stürzen zu wollen? Dieser schüchterne Junge mit dem Tick, beim Sprechen unablässig sein Gesicht abzutasten, als wollte er aus dem zarten Relief seiner Augennarbe etwas ablesen, das sich ihm allein erschließt.

»Ich habe immer schon gern YouTube geschaut«, wird er mir eines Tages erzählen. Und: »Am liebsten Videos, wo jemand etwas repariert.«

Irgendwann wird aber nicht mehr repariert. Nicht im physischen Sinne. Da wird von einer anderen, metaphysischen, dringend anstehenden Reparatur gesprochen. Jener eines angeblich verrückten, ja entarteten Gesellschaftsbildes. Man kann es durchaus als Zufall bezeichnen, wie Ali mit seinem ersten Hassprediger in Berührung gekommen ist. Dass überhaupt. Doch dann ergibt eins das andere. Er verliert sich in den Beschwörungen einer besseren, für Muslime endlich gerechten Welt. Einer Welt, in der der Islam oberstes Prinzip sein soll. Muss. Wird. Wiewohl ... Alis Familie ist eher weltlich orientiert, verbindet wenig bis nichts mit dem Islam. Zwar gibt es einen Koran im Haus, er hätte jedoch längst eine fette Staubschicht angesetzt, würde Mutter ihn nicht routinemäßig jedes Mal mitsäubern. Auch den Religionsunterricht in der Schule hat Ali nie besucht.

Wie also kann so ein Junge plötzlich darauf verfallen, im Namen Allahs blindlings töten zu wollen? Weil er zur falschen Zeit am falschen digitalen Ort war? Weil da jemand zu ihm gesprochen hat, der die Allmachtsphantasien, wie sie viele junge Menschen auf eine diffuse Art überkommen, zu eigenen Zwecken überhöht, sie in radikale Kanäle gelenkt hat?

Weil man ihm – die ganz billige Schiene nach dem Sexhotline-Prinzip im Fernsehen: Ich will dich. DICH. NUR DICH – das Gefühl eingeimpft hat, die ganze Welt würde nur darauf warten, dass er, Ali, sich endlich bereiterklärte, mit wehenden Fahnen in den Krieg gegen eine heruntergekommene Menschheit zu ziehen?

Ali scheint mir nicht ausreichend reflektiert, diese Fragen zu beantworten. Und ich glaube auch nicht, dass er das jemals sein wird. Er sitzt einfach da, sagt unvermutet Dinge wie: »Ich habe manchmal geglaubt, der Mann steht bei mir im Zimmer.«

»Diese Videos sind gut gemacht«, wende ich ein. »Verdammt gut.«

»Ja. Nein. Sie haben mir nur klargemacht, was ich schon gespürt hab: Ich bin auserwählt.« Er sieht mir dabei nicht in die Augen, blickt über meine Schulter hinweg, hin zu den beiden kleinen Fenstern in meinem Rücken. Entrückt, fast elegisch.

Hängen junge Menschen wie Ali erstmal am Haken eines gewieften Hasspredigers – sei es im persönlichen, zwischenmenschlichen Kontakt, sei es übers Netz, die sozialen Medien –, gibt es drei grundlegende Variationen von Videos, mit denen sie nicht bloß an der Schnur gehalten, sondern tiefer und tiefer in den Sumpf der Radikalisierung hinabgerissen und schließlich an Land, an ein der demokratischen Gesellschaft entgegengesetztes Ufer geholt werden.

Da sind zum einen die Folter- und Hinrichtungsvideos, gedacht für jene, die sich jetzt schon zu Gewalt hingezogen fühlen. Oder jene, die zwar keine prinzipielle Affinität zum Bestialischen haben, jedoch ein stark verinnerlichtes Gefühl von Opfer – gepaart mit dem Wunsch, endlich einmal

Held zu sein. Dann gibt es jene Clips, die das Opferklischee direkt, ganz unverhohlen ausbreiten. Halb verhungerte Kinder (zum Teil stammen diese Bilder wirklich von Opfern des Assad-Regimes) stehen für das Wesen des islamischen Leids, der Unterdrückung und Ausbeutung. Oder solche, die in zerbombten Ruinen kauern und weinen. Aber auch Kinder in Uniformen, kleine Soldaten in martialischer Aufmachung. Sie suggerieren eine Kampfbereitschaft, legen Zeugnis ab vom Willen, die eigene, verlorene Kindheit zurückzugewinnen. Ihr Auftritt soll *alle da draußen in der Welt* beschämen, weil sonst niemand aufsteht, um für sie zu kämpfen, weil *sie da draußen* nicht längst auch in den Kampf gezogen sind, weil sie stattdessen lieber in ihren westlichen Villen thronen und ein sorgenfreies Leben führen.

Und dann gibt es noch die paradiesische Schönfärberei, die auf besondere Weise junge Frauen als Kämpferinnen für den IS anspricht (derer es in den vergangenen Jahren immer mehr gibt). Orientalischer Alltagsprunk wird gezeigt. Märkte mit überbordenden Gemüse- und Obstständen, das pralle, glückerfüllte Leben, Mütter in Burkas, an jeder Hand zwei Kinder, die vergnügt plaudern. Bilder aus Tausend und einer Nacht, Bilder eines sogenannten muslimischen Idylls, wie es ihn in ganz Europa, im ganzen Westen nicht gibt. Die Bildsprache der Verheißung zieht hier alle Register. Wer den Zug nach der immerwährenden Wonne nicht verpassen will, sollte schleunigst die Koffer packen und ein Ticket für Syrien lösen. Alis Fall, dem hier noch zahlreiche mehr folgen, ist beispielgebend und auf beklemmende Weise klassisch. Natürlich hat jeder Radikalisierte seine ganz eigene Geschichte, seinen eigenen Weg des Abdriftens.

Doch in Wahrheit sind es bloß Nuancen, die sie unterscheiden, die zahllosen Köpfe, die allesamt am Körper derselben Hydra hängen. Die Motoren einer Radikalisierung indes sind vielfältig und im Folgenden für einen raschen Überblick kurz umrissen:

Erstens: Hassprediger. Der Kontakt erfolgt über einen in die Peergroup des Jugendlichen eingeschleusten Lockvogel. Denken wir bloß an den Tschetschenen Musa.

Zweitens: Falsche Freunde, die bereits einer radikalen Clique angehören und allmählich ihre Absichten offenlegen.

Drittens: Internet. Den Möglichkeiten sind hier kaum Grenzen gesetzt. Mal schlittern Jugendliche – wie Ali – eher zufällig hinein, mal werden sie auf *social media* ganz gezielt als potentielle Kandidaten kontaktiert.

Viertens: Familie. Die Erfahrung zeigt mir, dass dies eher die Ausnahme ist, anzutreffen am ehesten in Familien, die aus Kriegsgebieten geflohen sind, deren Kinder selbst noch Kriegsgräuel am eigenen Leib verspürt haben – etwa aus Tschetschenien. Oder in Familien, deren Kinder zwar bereits in der neuen Heimat zur Welt gekommen sind, wo jedoch die Sehnsucht nach Ausgleich, nach Wiedergutmachung, nach Rache bisweilen im Alltag omnipräsent ist. Wenn also – anstatt den Blick nach vorne zu richten – die Vertreibung wieder und wieder emporgekaut wird, wenn von nichts anderem gesprochen wird als den

Umständen der Vertreibung, ihren Hintergründen, ihren Verursachern. In den allermeisten Fällen mündet dies in einen anerzogenen, diffusen Hass auf alles, was nach Westen riecht.

Fünftens: Gefängnisinsassen. Ein Phänomen, das in Österreich lange Zeit als Randerscheinung gegolten, sich in den vergangenen Jahren aber immer offener gezeigt hat und immer dringlicher nach Gegenmaßnahmen ruft.

Vielfältig, um nicht zu sagen, bei weitem vielfältiger sind indes die Ursachen, warum Menschen auf die Lockangebote von Radikalisierern hereinfallen. Dabei greifen in der Regel mehrere Mechanismen ineinander. Auch darüber vorneweg ein kurzer Überblick. Ich möchte diese Faktoren als die zehn Todsünden der Radikalisierung bezeichnen. Oder auch, sofern man sie als Auftrag zur Gegensteuerung liest, als zehn Gebote:

Erstens: Mangel an Wissen über den Islam (den Koran, die Sunna et cetera).

Zweitens: Mangel an Perspektiven. Arbeitslosigkeit, schlechte oder gar keine Ausbildung.

Drittens: Mangel an Selbstbewusstsein, die Suche nach Anerkennung.

Viertens: Gruppendruck beziehungsweise -zwang.

Fünftens: Einsamkeit. Soziale Ausgrenzung durch und Isolierung von der Mehrheitsgesellschaft infolge von Migrationshintergrund oder Armut oder beidem.

Sechstens: Ungelöste Fragen zur eigenen Identität. Wer und was bin ich? Was ist Heimat? Was ist meine Heimat?

Siebtens: Paradiesische Visionen durch Prediger. Heilsversprechen, die alle Probleme lösen und alle Sünden vergeben erscheinen lassen.

Achtens: Jugendliche ohne Väter. Ein besonders dringliches, bislang weit unterschätztes Problem. Junge Männer, die vergeblich nach Identifikationsfiguren, nach Role-Models suchen und sie erstmals in Hasspredigern finden.

Neuntens: Islamfeindlichkeit. Rassistische Parolen rechtspopulistischer Parteien, geschürt durch Massenmedien, hinzu kommen persönliche Erlebnisse von Diskriminierung im Alltag.

Zehntens: Psychische Faktoren. Viele der soeben genannten Umstände spielen hier stärker oder weniger stark herein, und doch bedarf es einer gesonderten, ausführlichen Erörterung:

Das Gefühl eines Heranwachsenden, die Welt könnte es alles andere als gut mit ihm meinen, kann sich vielfältig festsetzen. Wird der Bezug zu den Eltern, wodurch immer, nachhaltig erschüttert, geht also im Leben eines Kindes früh verloren, was Psychologen das *Urvertrauen* nennen, ist bereits ein erster Schritt in die falsche Richtung getan. Auch heute erfolgt in Teilen muslimisch geprägter Länder unausgesetzt Pädagogik auf der Basis von unwidersprochener Gefolgschaft und Gewalt – gerade in den Herkunftsländern mancher europäischer Migranten. Ein Phänomen, das teilweise aber auch in europäischen Ländern zu beobachten ist. Die traditionell starke Bindung an die Herkunftsfamilien ist heutzutage keineswegs gebrochen – sie wird im Gegenteil durch die neuen Medien, die ständige und problemlos über den Globus sich spannende Erreichbarkeit begünstigt, und diese wiederum begünstigt auch über große Distanzen die beständige Weitergabe dieser alten *Kultur*, von der vormaligen in die neue Heimat. Und so ist es dann oft nicht mehr allzu weit hin zu Schlagworten wie Zwangsehe et cetera, und in besonders dramatischen Fällen auch zum Ehrenmord.

Oft wachsen Kinder auch gänzlich ohne Väter auf, oder aber mit Vätern, die für ein Bild von Unnachgiebigkeit, von Härte stehen. Väter, die alte Werte hochhalten, welche fälschlicherweise Religion genannt werden, tatsächlich aber Tradition heißen. Emotionale Distanziertheit, ja Kälte, die von Anbeginn zum Schreckgespenst errichtete Vorstellung eines *Nur-Strafenden-Gottes*, der jede Sünde rigoros ahndet, dazu die Selbstverständlichkeit, mit der Frauen abgewertet werden, einfach, weil es immer so gewesen ist und angeblich geschrieben steht, oder auch die prinzipielle Herabwürdigung anderer Religionen – ein zutiefst anti-islamisches Vorgehen, denn der Koran wie auch der Prophet Muhammad sprechen sich klar und deutlich für ein friedliches Miteinander aller Konfessionen aus.

Nicht selten erleben junge Menschen auch, wie das Ansehen ihres als Kleinkind noch verherrlichten Vaters vor ihren Augen zerbröselt – sei es, weil der Vater den Job verliert, sei es, weil sie ihn mit ihren Deutschkenntnissen längst überflügelt und so ein Stück Respekt verloren haben. Die Gründe, warum Jugendliche nach einer Ersatzautorität zu suchen beginnen, können vielfältig sein. Schlägt ein radikaler Verführer geschickt in diese Kerbe, kommt sein Angebot gerade recht. Das sehnlich vermisste Ideal wird frei Haus geliefert. Sätze wie *Gott liebt dich* zeigen Wirkung, vermitteln Geborgenheit. Die wahre Absicht dahinter bleibt im Dunkeln. Auch wird in Aussicht gestellt, man möge selbst an die Stelle des gar nicht mehr so bewundernswürdigen Vaters treten. Die Namensgebung bei erst einmal rekrutierten Kämpfern trägt das Ihre dazu bei – die häufig gebrauchte Vorsilbe Abu, was für Vater steht, unterstreicht den Anspruch der plötzlich eingenommenen Vaterrolle. Und zugleich nehmen sie mit dem neuen Namen auch eine neue Identität an.

Verlockend natürlich auch, Teil einer zum Greifen nahen Utopie zu werden. Teil einer Gemeinschaft, einer ungekannten Peergroup, die ein und dasselbe hohe Ziel verfolgt, das einer neuen Gemeinschaft. Dass all das mit dem Islam in seiner reinsten Form nichts zu tun hat, bleibt außer Acht. Der Weg zu Allah (zu einem Leben an seiner Seite im Paradies) ist für Extremisten allerdings immer ein steiniger und blutiger. Er hat eben seinen Preis, und der trägt den Namen Dschihad. Dass das Wort *dschihad* seiner ursprünglichen Bedeutung – sich anstrengen, streben, kämpfen im Sinne einer inneren Wandlung des Menschen hin zum Besseren – längst enthoben und zu einem weltweiten Sprach-Monster mutiert ist, sei hier nur am Rande erwähnt.

Hinzu kommt eine Art von sich auftürmender Scham. Betont patriarchal geprägte Familien zeichnen sich zumeist auch durch betont autoritäre Strukturen aus. Blinder Gehorsam, Erniedrigung, Bestrafungen sind viel zu oft auch heute noch gelebte Wirklichkeit, sind Programm. Ein Kindeswillen ist zwar existent, doch nicht relevant, wird unter abgehalfterten Modellen von Erziehung gebrochen. Wer nicht spurt, muss von klein auf mit Sanktionen rechnen, wird abgelehnt. Andere – häufig männliche – Verwandte wie Onkel und Großväter, väterliche Freunde bisweilen, festigen den unverbrüchlichen Familienwillen, jenen des Clans, der Gemeinschaft. Die eisernen Gesetze der Tradition fahren ihre Krallen aus, die Geisteshaltung der Altvorderen verschmilzt mit dem Bild eines Nur-Strafenden-Gottes zu einer starren Ideologie, der man sich zu unterwerfen hat. Aus der Reihe tanzen ist nicht.

Desgleichen unerwünscht: das kritisch-analytische Denken über die Aspekte der eigenen Religion. Oder womöglich – gerade im Wissensdurst der Kinder so häufig anzutreffen – die Frage, wie denn Allah aussehe. Solche Begehren, solch Aufbegehren wird – bisweilen mit roher Gewalt – unterdrückt, dem Kind das Empfinden vermittelt, Falsches zu tun, zu wollen, fehlerhaft, sündhaft zu sein. Ein daraus erwachsendes Gefühl von Minderwertigkeit und Scham kann sich manifestieren, über die Jahre übermächtig werden und den Wunsch zeitigen, das Pendel möge in die Gegenrichtung ausschlagen, sprich: man möchte eine Aufwertung erleben, selbst an Macht, an Stärke zuzulegen. Je mehr, je besser. Das Angebot von radikalen Verführern an junge, nach Halt suchenden Menschen, ebendiese Macht zu erlangen, indem man sich über andere erhebt (idealerweise Ungläubige oder solche, die einen zuvor gedemütigt, unterdrückt, missachtet haben), erscheint da außerordentlich reizvoll. Eine Umkehr der Kräfte steht unvermutet zur Wahl. Gemobbte haben plötzlich Oberwasser, Unterdrückte sitzen selbst am Drücker, indem sie Angst und Schrecken verbreiten, Macht ausüben, Allmachtgefühle auskosten.

Und, *so nebenbei*, in einem Zug quasi, winkt die Möglichkeit, alles der islamischen Welt widerfahrene Unrecht zu sühnen, sich zum Weltenrichter aufzuschwingen, die erlittene Kränkung reflexartig geradezurücken und auf diese Weise auch gleich das eigene Opferdasein zu überwinden. Die Fesseln der Vergangenheit abwerfen. Die der westlichen Gesellschaft. Wer sein Ich in den Dienst eines neuen Wir stellt, ist ewiger Held. Töten als strahlende Tugend. Angstlosigkeit bekommt eine einzigartige Blend- und Verführungskraft. Erniedrigen, indem man sich selbst erhebt. Ein zynisches Gebaren, das vielen auch im Berufsalltag begegnet, bloß mit hier noch bedeutend verheerenderen Folgen: Ich mache mich groß, indem ich dich kleinmache. Darin liegt das Heil.

Und natürlich in der Zerschlagung der Scheinwelt, in der man selbst aufgewachsen ist. Eine Welt der Verwerflichkeit, voller Lügen, Korruption, Heuchelei, materieller Begierde. Sie muss überwunden und erneuert werden. Um jeden Preis. Ohne einen Funken Gnade wird die dumpfe Masse jener bekämpft, die nicht folgen. Freilich frei von echtem spirituellem Tiefgang, frei von echtem philosophischem Background, und doch mit einer stärkenden, göttlichen Mission im Rücken. Schließlich geschieht es im Namen Allahs. Was man in den Tod reißt, sind nicht länger Mitmenschen. Körper anderer sind nur noch eine Abstraktion, ein Batzen Fleisch. Und anstelle des eigenen Körpers tritt ein mystischer – Zeichen einer jede Ordnung, jeden Sinn im Diesseits verneinenden Haltung, einer Art Nihilismus also.

Doch mit Wahn im Sinne eines Sektenwahns, wie gelegentlich zu hören ist, hat all das wenig bis gar nichts tun. Bedauerlicherweise, ließe sich sarkastisch und sehr überspitzt sagen. Denn dann hätte man es bloß mit dem Irrsinn eines Einzelnen zu tun. Sektenführern lässt sich »zugutehalten«, dass sie sich in den allermeisten Fällen nur persönlich bereichern wollen und ihr niederes Motiv ausreichend geschickt als höheren Zweck verkaufen. Auch ist bei Sekten im Allgemeinen die Anzahl der Mitglieder enden wollend. Der Brei indes, der von muslimischen Extremisten angerührt wird, ist bedeutend bedrohlicher und langlebiger. Anders als in Zeiten größter medialer Präsenz von Al-Qaida und Osama bin Laden ist dieser Kampf längst führerlos. Das Ungeheuer Al-Qaida hat sein Gelege hinterlassen, ein mit sich stets erneuernden Eiern prall befülltes Nest. Man orientiert sich nicht länger an der Predigt eines Einzelnen. Stattdessen herrscht eine globale, breite, dezentrale Bewegung mit Eigendynamik. Zu Gesicht bekommen wir – die in Fassungslosigkeit und Hilflosigkeit gelähmte Gesellschaft – überwiegend jene, bei denen jede Hoffnung verloren ist. Jene, die bereits in den Krieg ausgezogen oder knapp davor gewesen sind. Egal, ob das Kriegsziel Syrien heißt oder mittlerweile vermehrt Europa.

Europa hat als Ziel der IS-Extremisten ohnedies an Attraktivität gewonnen – zum einen, weil die Kampftruppen des IS nach knapp vier Kriegsjahren mehr und mehr zurückgeworfen werden, eine Hochburg um die andere fällt, und zum anderen, weil Europa eine schier unerschöpfliche Vielzahl so genannter weicher Ziele bietet: eine U-Bahn-Station in London; ein Musikklub in Paris; ein Fußballstadion; ein jüdischer Supermarkt; ein Weihnachtsmarkt in Berlin; eine Einkaufsstraße in Barcelona; eine Strand-Flaniermeile in Nizza; ein Flughafengebäude in Brüssel. Was immer. Die Auswahl ist nahezu grenzenlos, und desgleichen das Potential für kampfbereiten Nachschub – Europa, die Achillesferse der westlichen Welt, jedes erfolgreich attackierte Ziel zum Zeichen der grenzenlosen Verletzlichkeit. Und zu diesem verletzlichen Europa zählt auch die muslimisch geprägte Türkei, wo zuletzt vermehrt IS-Terroranschläge verübt worden sind, wie etwa in Ankara oder auch in Istanbul im Juni 2016 mit 45 Todesopfern.

Keinesfalls soll hier der Eindruck entstehen, ich wollte unsere Jugend sämtlich als potentiell radikal verunglimpfen. Mitnichten. Doch die Gefahr wächst und wächst. Immer weniger können nachfolgende Generationen etwas anfangen mit einer Gesellschaft, einer politischen Elite, die ihr keine oder denkbar schlechte Perspektiven bietet. Rechtspopulistische und rechtsradikale Tendenzen in Europa werden von Tag zu Tag stärker spürbar. Da wie dort wird die Basis von Sympathisanten breiter und breiter, langsam, doch stetig. Und nicht bloß an den sozialen Hotspots, in den heruntergekommenen Wohnghettos, in den von der Gesellschaft vergessenen Randbezirken von Berlin, Paris, London, Wien oder wo immer, nein, querbeet durch alle sozialen Schichten. Auch in Deutschland steigt der Anteil sich radikalisierender Jugendlicher, die der so genannten Oberschicht entstammen. Und es ist auch als Alarmzeichen anzusehen, dass mittlerweile ein überwiegender Teil der Rekrutierten zuvor polizeilich nicht in Erscheinung getreten ist.

Längst sind auch die Konzepte der Extremisten nicht bloß kurzfristige, die wir als Bombenanschläge und massenhaftes Abschlachten mittels Schusswaffen oder zu Waffen umfunktionierten Fahrzeugen kennen. Langfristig zu agieren heißt, die Sache subtiler anzugehen, auch auf einen Nachwuchs zu bauen, der vordergründig gewaltfrei agiert. Solche Leute geraten auch so gut wie nie ins Fadenkreuz von Geheimdiensten.

Dass Radikalisierung aber sehr wohl auch unter den Augen von Staatsschützern geschehen kann, wird auf besonders beschämende, besonders dramatische Weise an einem Beispiel aus der jüngeren Geschichte des Terrors in Europa ersichtlich – an jenem der Gebrüder Said und Cherif Kouachi, Attentäter beim Satiremagazin Charlie Hebdo. In Frankreich geborene Waisenkinder algerischer Eltern. Sie wachsen in Heimen auf. Der eine geht ins Hotelfach, der andere, Cherif, wird Fitnesstrainer, gleitet ab ins *Milieu*. Diebstähle. Einbrüche. Drogen. 2005 wird er als Mitglied einer antisemitischen Terrorzelle verhaftet. Er scheint geläutert, kehrt in seine kleinbürgerliche

Existenz von anno dazumal zurück, heiratet eine Kinder-gärtnerin – und radikalisiert sich, im Verein mit einem katholischen Konvertiten, abermals. All das unter den Augen des Geheimdienstes, wie auch Videos später belegen werden.

Said und Cherif empfinden sich als von der Gesellschaft ausgegrenzt, abgelehnt, stigmatisiert. Sie sind erfolglos. Im Job. Im Leben überhaupt. Resümierend kann gesagt werden: Said und Cherif sind – aus der Eigensicht – nichts als Opfer. Weil sie Muslime sind. Was ihr Opfersein und das gewalttätige Ausbrechen für die übrige muslimische Welt bedeutet, liegt auf der Hand. Augenblicklich flammt der Generalverdacht auf, alle Muslime seien auf die eine oder andere Weise verdächtig. Extremisten jubeln darüber innerlich auf. Es sei dies, verkünden sie in Videobotschaften, Pamphleten und Hasspredigten, der schlagende Beweis, dass die Vorurteile gegen Muslime, gegen *den Islam an sich*, stärker denn je existierten, dass dem Westen nichts anderes im Sinn stünde, als die Muslime neuerdings zu unterwerfen, diesmal aber gleich auf alle Tage (wer's nicht glauben will, der erhält eine kleine Lektion in Geschichte).

Das Einzementieren der Opferrolle ist allerdings eines, das von zwei Seiten gleichermaßen erfolgt: zum einen von der Gesellschaft, die mehrheitlich, voreilig und unüberlegt abrückt von allem, was nach Muslim riecht, und zum anderen von uns Muslimen selbst, also von Teilen jener neunundneunzig Prozent friedliebender Menschen, die sich widerspruchslos und gekränkt in diese Rolle fügen anstatt der Frage die Stirn zu bieten, wie in aller Welt es sein kann, dass solche Gräuel *im Namen unseres Glaubens* begangen werden.

Verschwörungstheorien, so absurd sie sein mögen, fallen in solchen Phasen der Entzweiung, der gesäten Zwietracht, auf besonders fruchtbaren Boden. Und wenn man dann hie und da hört, die Juden würden die Weltherrschaft anstreben, kommt das als Krönung der Feindseligkeit daher, tut ein Übriges. Nichts spielt Zündlern und Fundamentalisten mehr in die Hände als eine zutiefst gespaltene Gesellschaft, eine, die in Aufruhr gerät, die sich von seinen missliebigen Sorgenkindern distanziert und weitgehend abkanzelt. Auch mediale Hetze gegen Migranten aller Art und Herkunft, sobald sie einen Hauch muslimisch sind, leistet Fundamentalisten letztlich nichts als willkommenen Vorschub. Man könnte fast sagen, rechtspopulistische Anti-Islam-Parolen sind auf eine verquere Art Teil der IS-Propaganda.

Im selben Maße, wie die Menschen nach Anschlägen zusammenstehen, um gegen den Terror anzutreten (wobei europäische Muslime oftmals beklagen, dass der Schrecken jenseits europäischer Grenzen darüber gerne vergessen wird), fordern und fördern IS-Anhänger ein Zusammenstehen der islamischen Welt. Je stärker das Empfinden von Ausgrenzung ist (weltweit, insbesondere aber in ihrer westlichen Heimat), je weiter Menschen sich also an den Rand gedrängt fühlen, je zufriedener reiben Radikalisierer sich die Hände. Jungen, nach Sinn und Identität strebenden, wankelmütigen Menschen dann von einer verlogenen Welt zu predigen, dieser vom Materialismus zerfressenen Welt die Idee einer Gegenwelt des Lichts gegenüberzustellen und zugleich eine Art reinigende Apokalypse heraufzubeschwören, die zwar jetzt Chaos erzeugt, dann jedoch ewigen inneren Frieden als Karotte vor die Nase hängt – all das ist geeignet, einen Spaltbreit offenstehende Türen vollends einzurennen. Provokant formuliert, könnte man sagen, Extremisten verstünden sich auf Sozialarbeit besser als jene, die dafür ausgebildet und bezahlt werden, ohne nun einen ganzen Berufsstand herabwürdigen zu wollen. Mitnichten. Es ist bloß so, dass Extremisten das blendend beherrschen, was auch Populisten in der Politik zu ihrem bevorzugten Handwerkszeug zählen: maximal einfache Antworten zu liefern auf maximal komplexe Fragen.

Das eigene Leben im Kampf für die angeblich gerechte Sache aufs Spiel zu setzen, erscheint blutjungen Attentätern mittlerweile als Selbstverständlichkeit. Nahmen terroristische Märtyrer früher den Tod billigend in Kauf, ohne ihn deshalb gleich herbeizusehnen, wird er heute als nachgerade heilige Pflicht verkauft. Der Tod ist Programm, und er sei, heißt es, nichts weiter als eine nichtige Blessur, vergleichbar mit einem Wespenstich. Der irdische Tod verbirgt seine Wesenheit hinter dem jenseitigen, der eine völlig neue, ungeahnte Welt öffnet: die des Paradieses. Zu sterben bedeutet, beschützt zu werden vor der Schlechtigkeit dieser Welt – und zugleich einen unüberbietbaren Triumph einzufahren. Erst der Tod heiligt die eigene Existenz. Kein Wunder also, dass die überwiegende

Zahl von Anschlägen darauf ausgelegt ist, den Terroristen gleich mit ins Jenseits zu befördern. Und kein Wunder auch, dass viele Rekrutierte erst aufzuwachen beginnen, wenn ihr Traum von einer gerechteren Zukunft bereits völlig durchsetzt ist von dem Alptraum im Jetzt, den sie etwa an einer syrischen Kriegsfront erleben.

Weitere (nennen wir sie) *Leitmotive* für junge Menschen, den verlockenden Reden von Radikalisierern zu erliegen, bestehen etwa darin, so etwas wie Exklusivität zu erleben. *Wir allein haben das Wissen, was Allah will*, lautet die Botschaft. Wer abweicht, gar Gegenteiliges behauptet, ist natürlicher Feind. An die Stelle der für Jugendliche oft so typischen, unbändigen Lust des Diskutierens, des Ausprobierens, des Sich-Messens und Sich-neu-Definierens, tritt Aggression – oder das Abkapseln vom gewohnten Umfeld. Irgendwann ist für die Meinung anderer kein Millimeter Platz mehr. Ungleichheit wird zum Prinzip erhoben, zum Elixier einer bewussten Abgrenzung. Einmal Infizierte beginnen darauf zu pochen, *kein* Österreicher, *kein* Deutscher, *kein* Europäer zu sein. Der Einwand, dies sei eine zutiefst undemokratische Haltung, kommt da gerade recht. Denn Demokratie – so das neue Verständnis – ist so ziemlich das Letzte überhaupt (bei aller gerechtfertigten Kritik, die auch ich mancherlei entgegenbringe, was behauptet, Demokratie zu sein). Hier jedoch geht es darum, dass Demokratie als solche zum Konzept des Teufels gemacht wird.

Natürlich führen all diese Faktoren nicht zwanghaft zu einer Radikalisierung, doch sie begünstigen sie allemal. Und wenn sie im Verein mit Ausgrenzung, Armut, Arbeitslosigkeit, Fremdenhass, Islamfeindlichkeit etc. auftreten, ist der Tisch der Radikalisierer schon so gut wie gedeckt.

Bemerkenswert ist in diesem Zusammenhang, dass einige unter den Konvertiten – jener Menschen also, die per Geburt mit dem Islam genau gar nichts zu tun haben – ihn zum Leitstern einer neuen Lebensführung gemacht haben. Sie verfallen dem Ideal eines angeblichen Ur-Islams (eines in Wahrheit ganz persönlichen, zutiefst verzerrten Islam), wissen nichts über den Koran, den Propheten Muhammad. Häufig treten jene, die zuvor die allergrößten Apathiker waren, nun als die allergrößten Eiferer in Erscheinung. Zwar haben sie weder eine Ahnung, was ein Leben im Geiste des Propheten Muhammad verheißt, noch, was im Koran steht, und machen ihn trotzdem zu ihrem Schwert. Sie erliegen der Faszination von Kreuzzug-Romantik, dem radikalen Phänomen einer Massenpsychologie. Das Leben im Hier und Jetzt ist nichts als verachtungswürdig, sie selbst erheben sich zu den allerschärfsten Kritikern ihrer neuen Mitbrüder, wittern sie auch nur den Hauch von Abfall vom Glaubensideal. Sie sind – um ein geläufiges christliches Sprachbild zu bemühen – päpstlicher als der Papst.

Sie sind die *Supermuslime* schlechthin.

Und wir? Die Gesellschaft? Wie steuern wir gegen?

Psychoanalytiker Fethi Benslama nennt das, was uns als angeblich einzig probates Mittel verkauft wird, die *Militarisierung des Alltagslebens*, spricht davon, dass sich der Rechtsstaat vermehrt zurückzieht, dass also die Politik *der Grausamkeit des Terrors einen Staat im Notstand ...*

einen Staat in ständiger Überreaktion gegenüberstellt. Mit anderen Worten: immer nur noch mehr Polizei, immer nur noch mehr Überwachung, immer nur noch mehr per Gesetz verankerte Einschränkung persönlicher Freiheit im Namen der Freiheit. Dynamit als Löschschaum gegen das Feuer. Stetes Aufrüsten bedeutet jedoch nichts als den untauglichen Versuch, die schlingernden Ausleger einer die Gesellschaft durchwuchernden Giftpflanze ausrupfen zu wollen, ohne nach den Wurzeln zu graben (dazu an anderer Stelle mehr, im Kapitel »Was zu tun ist«).

*

Paradefall eines solchen Konvertiten ist Christian – wenngleich nicht der eines *Supermuslims*, wie wir sie auch noch kennenlernen werden. Christian ist in Wien-Floridsdorf aufgewachsen. Neuerdings heißt Christian Yusuf.

Frühe Arbeitslosigkeit, weil sein kleiner Ausbildungsbetrieb pleitegegangen ist. Christian sucht einen Job als Gärtner, dann bei einem Bundesbetrieb. Doch nichts klappt. Die Nachfrage durch höher Qualifizierte ist zu stark, die eigene Qualifikation zu mangelhaft. Die viele Freizeit schlägt er großenteils in Wettbüros, Jugendzentren oder Einkaufstempeln tot. Dort spricht ihn eines Tages Özkan ein, ein türkischstämmiger Wiener. Schnell hängt Christian mit ihm und dessen Freunden ab. Özkan imponiert ihm. Er ist so aufgepumpt. Vom Stolz auf seine Herkunft. Von Überzeugungen. Vom Leben überhaupt. Und auch körperlich, vom vielen Trainieren an den Geräten.

Özkan hat in der Clique das Sagen, ringt allseits Respekt ab. »Der ist ein Ochs«, sagt Christian alias Yusuf bei unserem ersten Gespräch in der Justizanstalt Josefstadt. Er selbst ist ein eher schmächtiger junger Mann, dunkelblond, hat einen scheuen, oft unsteten Blick. Doch wenn er von den Anfängen mit Özkan spricht, blitzt unvermutet Selbstachtung in seinen blassblauen Augen auf. Das Interesse Özkans, dieses charismatischen jungen Mannes, hat ihm geschmeichelt, ihm, dem farblosen Verlierer aus zerrütteten Verhältnissen, der bei der Großmutter lebt.

Wenn er – damals noch als Christian – loszieht, hat er ein Ziel: Özkan. Die Clique. Manchmal trifft man sich im nahen Park. Ein andermal drinnen in der Stadt, auf der Mariahilferstraße. Er ist jetzt nicht mehr allein. Man versteht ihn. Achtet ihn. Das allein zählt. Die Anerkennung ist Droge pur. Christian spricht von seinen Problemen, der Jobsuche. Und Özkan kontert mit einer leuchtenden Vision. Erzählt von einem Staat, wo alles besser, gerechter, schöner als hier vonstattengehe.

Sie hängen im Shopping-Center ab, als Özkan mit ausladender Bewegung sagt: »Dort musst du nicht als Verkäufer in einem abgefuckten Laden buckeln. Dort gehört dir ein ganzes Einkaufszentrum.« Und sähen die jetzt noch Ungläubigen erst mal den Erfolg dieses Islamischen Staates, dieses Kalifats, würden sie sich gleichsam von selbst anschließen. Wie Motten würden sie aus der Finsterns dem Licht zufliegen. Bald schon ist aus Christian Yusuf geworden. Bald schon sitzt er in Internet-Cafés. Bald schon tauscht er sich mit Gleichgesinnten aus. Erst noch über den Glauben. Doch bald schon darüber, was zu tun ist. Über Attentate. Und – ebenfalls bald schon – wandert er hinter Gitter. § 278b, der Terrorparagraph.

Christians Wissen über den Islam ist praktisch inexistent. Auch macht er kein Hehl aus seinem Desinteresse an Neuem. Was er weiß, aus dem Netz und von Özkan, genügt ihm vollauf. Er ist einer jener, die nicht allzu lange in Haft sind, die aus Mangel an Beweisen zur geplanten Teilnahme an Terrorverbrechen bald freikommen. Ich begleite Yusuf bis zu seiner Entlassung aus der Josefstadt. Und habe dabei ein sehr mulmiges Gefühl. Zwar bekennt er sich mir gegenüber zu einer Gesellschaft, die nicht auf der Basis von Mord und Totschlag begründet sein darf. Doch ich empfinde es als Lippenbekenntnis. Unterschwellig gibt er preis, an der indoktrinierten Idee eines Paradieses durch den IS festhalten zu wollen.

Eine Zeitlang wird er womöglich vom Staatsschutz »begleitet« – wie erfolgversprechend, steht auf einem anderen Blatt Papier.

Denn tatsächlich wird er völlig unbegleitet in Freiheit sein, die Gefahr, dass ein unbeständiger Charakter wie er abermals in die Fänge Radikaler gerät, ist enorm. Und ich ertappe mich – so abwegig diese Vorstellung eines *geringeren Übels* sein mag – bei dem Gedanken, was wohl aus ihm geworden wäre, hätte nicht Özkan ihn angesprochen, sondern der Kopf einer Bande von Taschendieben oder Gelegenheitseinbrechern.

*

Auch Usama hat gleichsam den klassischen Weg der Radikalisierung für den Islamischen Staat beschritten, den des persönlichen Kontakts. Als Kleinkind mit den Eltern nach Wien gekommen, schleicht sich das Leben des Einwanderers mit ägyptischen Wurzeln aus der Spur. Mit sechzehn erstmals Freunde, die Vater und Mutter nicht kennenlernen sollen. Später solche, die sie keinesfalls kennenlernen *dürfen*. Irgendwann, fast unbemerkt, ein, zwei neue in der Gruppe. Die Lockvögel.

Bald schon der Kontakt zum Hassprediger. Nach Monaten des Infiltriert-Werdens macht er sich auf nach Syrien. Weit kommt Usama nicht. Schon bei der Ausreise aus Österreich schnappen ihn Beamte des Verfassungsschutzes. In mehreren Einzelgesprächen im Besprechungsraum der JA Josefstadt legt er mir, nunmehr zwanzig Jahre alt, seine Geschichte offen:

Lange Zeit hat ihm die Familie gegeben, was er zum Heranreifen gebraucht hat: Rückhalt. Als Mörtel dient dabei auch ein gerütteltes Maß Religiosität. Das Selbstbewusstsein des Teenagers ist durchaus ausgeprägt. Bis ihn an seiner ersten Lehrstelle der Fremdenhass mehrerer Kollegen einholt.

»Wenn sie beisammengestanden sind«, sagt er, »und ich hinzugekommen bin, sind sie leise geworden oder einfach in alle Richtungen davon.«

Irgendwann sei es ihm zu viel geworden, er habe nicht bloß die Lehrstelle, sondern auch gleich den Lehrberuf gewechselt, dort jedoch ähnliches erlebt. Und einmal mehr erkenne ich, dass die Radikalisierung eines jungen Menschen in Diskriminierung und Ausgrenzung wurzelt.

»Das nennt sich Mobbing«, sage ich. »Dagegen lässt sich etwas unternehmen. Würden alle Betroffenen losziehen und drauflosmorden ... die Welt wäre ein einziges Schlachtfeld.«

»Ich weiß, was Sie meinen, Imam«, sagt Usama schließlich. »Aber Sie haben keine Ahnung, wie das ist ...«

Usama scheitert in beiden Lehrberufen, nimmt Gelegenheitsjobs an, jobbt zuletzt als Möbelpacker. Wie maßgeschneidert für den bulligen, hünenhaften Mann. Wie zur Unterstreichung seiner damals richtigen Wahl lässt er ab und an die stark definierten Bizepse auf und ab hüpfen.

Usama hat Pläne, will eine eigene Wohnung. Dafür bedarf es einer Fixanstellung, mit der es aber nicht klappt.

»Okay«, sage ich. »Mobbing. Kein wirklicher Job. Aber so schlimm?«

»Es ist anders, wenn es immer einen Muslim trifft.«

»Warum?«, frage ich nach. »Erkläre es mir.«

»Sie werden es nicht verstehen.«

Das klassische Verharren im Opferdasein also? Usama kommt einer weiteren Auskleidung meiner Gedanken zuvor. »Ich bin kein Opfer«, sagt er unvermutet, starrt mir unverwandt in die Augen. Er trägt ein ärmelloses Rippleibchen und eine Glatze. Immer wieder streicht er mit einer Portion Eigenliebe darüber hinweg.

»Nein?«

»Nein. Ich bin keiner von denen, die ganz steif werden, wenn nix geht. Ich mache nicht einfach so weiter, wenn ich merke, dass alles schiefläuft. Ich wollte, dass sich etwas ändert.« Er habe viel Zeit zum Nachdenken gehabt. Und er habe sich entschlossen, nicht zu jammern, sondern zu handeln. »Was hätten Sie an meiner Stelle getan?« Noch während ich mir im Geiste eine wohlerwogene, wohlformulierte Antwort zurechtlege, füllt er die Lücke selbst. Er habe begonnen, fährt er blitzartig fort, genau hinzuhören, wenn andere vom Schlaraffenland gesprochen hätten. »Zuerst habe ich mir gesagt, das ist nix für mich. Aber dann ... so viele haben davon geredet.«

Hat er daraus, aus diesen unters Volk geworfenen Visionen einer gerechteren Welt, sein Recht auf ein ganz persönliches Stück vom Kuchen Glück abgeleitet?

Ein Freund nimmt Usama mit zu einem Mann, der im Ruf steht, alles über das Paradies zu wissen. Sie betreten eine Art Gartenhaus im Innenhof einer Wohnanlage am östlichen Stadtrand von Wien. Es hat nur einen einzigen Raum. Gut eineinhalb Dutzend anderer junger Männer warten bereits. Die Luft ist zum Schneiden. Als Usama eintritt, scharen sich die Übrigen bereits um *ihn*. Den Prediger. Sie hängen ihm wie dem Propheten selbst an den Lippen, sein graumelierter, übers Brustbein hinabwallender Bart untermalt das Bild eines bestimmt gelehrten, überaus weisen Mannes eindrücklich.

»Hast du keine Bedenken gehabt?«

Vielleicht, anfangs. Doch nach wenigen Sätzen des Predigers sind sie verflogen wie die letzten Rauchfahnen über einer erkalteten Feuerstelle. Dieser Mann spricht von Aufgaben, großen Aufgaben, spricht jeden der Männer persönlich und mit beschwörendem Gestus und Blick an. Ja, auch er, Usama, könne Wertvolles leisten. Es frage sich bloß, ob er auch ausreichend Mut und Kraft und Entschlossenheit und Konsequenz aufbringe. Ein fantastischer Lohn winke ihnen allen. Allerdings, wenn er ihn so ansehe, die Skepsis in seinem Antlitz ...

Augenblicklich ist Usama bei seiner Männlichkeit gepackt. Natürlich könne er das. Drei Monate lang pilgert er von nun an regelmäßig in das Gartenhäuschen. »Ich habe nicht genug bekommen können«, sagt er. Die Visionen des Predigers hängen verführerisch in der Luft wie Duftwolken ofenfrischen Brotes. Es riecht nach Zukunft. Nach Aufbruch. Dass der Prediger auch von Rache, von Tod spricht, blendet Usama aus.

Und so macht er sich auf. Ausgerüstet mit Beschwörungen und vierhundert Euro Benzingeld. Bis Syrien kommt er allerdings nicht.

»Du weißt nicht, welches Glück du gehabt hast«, sage ich.

Usama empfindet darin keinerlei Trost. Ihn beschäftigt etwas anderes. »Warum hat der Prediger das mit uns gemacht?«

Fragen an sein Gewissen scheint er nicht zu stellen. Auch nicht, was ihm dabei eingefallen ist, in den Krieg ziehen zu wollen.

Die glanzvolle Aussicht auf das Paradies, diese Patina, die ihm den Blick auf sein unterprivilegiertes Leben verdeckt, genügt, jeden rationalen Gedanken erlöschen zu machen. Der Traum ist das Ziel. »Ich möchte dorthin zurück«, sagt er.

»Wohin zurück?« Eine rhetorische Frage, denn ich weiß, was er meint: Um keinen Preis in sein altes Leben und um jeden Preis in das ihm angepriesene. Also versuche ich, seine paradiesischen Hoffnungen in andere Bahnen zu lenken. »Es gibt das Paradies tatsächlich«, sage ich. »So steht es im Koran geschrieben.«

»Sag ich doch, Imam.«

»Ja, aber der Weg ist ein völlig anderer als der, den man dir gezeichnet hat.«

Als meine Worte im Besprechungsraum der JA verhallen, blicke ich in ein Paar wie toter Augen. Usama ist längst entglitten, und ich weiß, dass nur wenig Hoffnung besteht, ihn mit den Verlockungen einer Durchschnittsexistenz zu gewinnen. Ein Job. Eine Familie. Eine Wohnung in einer der – zugegeben – billigen Gegenden. Bescheidener Wohlstand, vielleicht, eines Tages, wenn er hart und unermüdlich an sich arbeitet. Vielleicht als Arbeiter. Vielleicht als Handwerker. Vielleicht sogar mit einem eigenen Ein-Mann-Betrieb. Einer wie Usama, der die Vision eines Lebens im Paradies mit allen Sinnen geschaut hat, ist mit einem Blue-Collar-Dasein nicht mehr zufriedenzustellen. An ihm offenbart sich die enorm führende, enorm verführende Kraft, die Religion aufzubieten weiß. Menschen wie Usama entwickeln ans Übermenschliche reichende Kraft und Durchhaltevermögen, um ans Ziel ihrer Träume zu gelangen. Diese Kraft machen die Verführer des IS sich raffiniert zunutze. Und diese Kraft gilt es umzukehren.

Die Hoffnung bestärkt mich in meiner täglichen Arbeit als Gefangenenseelsorger, und sie führt mir vor Augen, wie wichtig der Ausbau dieser Tätigkeit in Österreichs Justizanstalten ist. Eines allerdings darf dabei nie vergessen werden: Extremisten beginnen dieses Rennen um die Seelen mit einem beträchtlichen Startvorteil – denn mit Villen, Nervenkitzel, Action und Jungfrauen kann ich als Imam nicht werben.

*

Als Faris in Haft genommen wird, lebt er schon seit geraumer Zeit in Wien. Faris ist Algerier und als Kind nach Europa gekommen. Seit kurzem hat er selbst Frau und Kind. Sein familiäres Umfeld ist auf den ersten Blick durchaus intakt, er hat eine Ausbildung zum Facharbeiter absolviert, zwei Jahre in einer Fabrik gearbeitet. Ohne Beanstandung. Ein sicherer Job. Dennoch muss er das Heranwachsen seines Erstgeborenen, wenigstens die ersten Jahre, aus der Distanz gesiebter Luft beobachten.

Es sind die immergleichen Fragen, die ihn und Seinesgleichen umtreiben: Wo ist er zuhause? Was darf er reinen Herzens Heimat nennen?

Er habe, sagt er, keinen offenen Fremdenhass erlebt. Vielmehr eine höfliche, doch sehr bestimmte, latente Distanziertheit. Gerade vonseiten der Arbeitskollegen, so genannter »waschechter« Österreicher. Auf dem Papier ist er das auch. Ein Österreicher. Aber eben einer mit Hintergrund. Dennoch: Die mörderischen Umtriebe des IS habe er stets verurteilt. Laut und für jeden hörbar, der es wissen oder auch nicht wissen wollte. Doch dann, irgendwann, schleichend und unbemerkt, sei es übergeschwappt.

»Was ist übergeschwappt, Faris?«

Dieses Gefühl von Satthaben, sagt er. Das Satthaben ständig islamfeindlicher Parolen, die ihm entgegenschlügen. Ob in den Massenmedien. Ob in den Reden freiheitlicher Politiker. Zuletzt aber auch in jenen von Vertretern anderer Couleurs. Dem Volk nach dem Maul reden. Die Grundstimmung im Land gegen Ausländer und vor allem Muslime werde zunehmend feindseliger. Das habe ihn mit der Zeit ungemein wütend gemacht.

»Manche tun doch so, als wären wir alle Mörder. Oder Vergewaltiger.« Nach den sexuellen Übergriffen zu Silvester 2015/2016 in Köln sei die antiarabische, antiislamische Stimmung auch hier am Köcheln gewesen.

Faris, das ist Arabisch und steht für Ritter, Reiter. Und das ist er dann auch sehr bald geworden. Im übertragenen Sinne. Er sucht Kontakt zu einem Hassprediger, verfällt – ohnedies potentiell empfänglich – den Reden. Rasch beginnt sich auch bei ihm das Rad der Radikalisierung zu drehen.

Doch Faris ist anders. Nicht dass er in den Krieg hätte ziehen wollen. Weder nach Mesopotamien (Syrien, Irak) noch als Selbstmordattentäter hier in Europa. Faris ist einer der auf anderer Ebene besonders Begehrten. Faris ist war Anwerber in den Diensten des Islamischen Staates. Ein Headhunter. Personelles Feingold sozusagen. Als ich ihn in Vorbereitung seines Prozesses in der JA Josefstadt betreue, zeigt Faris überraschend offene Reue. Er könne nicht verstehen, was ihn geritten habe, das Gedankengut eines IS zum eigenen zu machen. Ich erkenne in ihm einen im Vergleich zu vielen anderen Insassen beredten, leidlich intelligenten und auch durchaus gebildeten jungen Mann. Manchmal, wenn es ihn besonders überkommt, schlägt er mit der Faust auf den winzigen Tisch zwischen uns, sodass ich unwillkürlich zusammenfahre. Nein. Nein. Nein. Wie habe er bloß ...? Er habe sein Leben zerstört. Faris Stimme bricht, er senkt den Kopf gegen die Tischplatte.

»Ist es das, was du bereust?«

Plötzlich hebt er den Kopf, stiert mich aus zwei funkelnden Kohlen an, die Iris rundherum gerötet. Erst zornerfüllt, als säße ihm in mir ein Feind gegenüber. Dann, als ich seinen Blick möglichst ungerührt halte, zunehmend verwundert.

Seine Augen scheinen zu fragen: Was noch könnte ich bereuen, Imam?

Deine Reue ist selbstsüchtig, denke ich, sage aber: »Geht es dir allein um dich? Wenn ja, das ist nicht die Art von Reue, die Allah von dir verlangt.«

Wut flackert in seinem Antlitz auf. Er ringt unübersehbar mit sich.

»Es ist in Ordnung, dass du dich wehrst«, fahre ich fort. »Das hier ist deine Heimat. Und wie jeder andere hast du ein Recht auf sie. Aber die Mittel deiner Gegenwehr sind die grundfalschen. Du hast zu wahlloser Gewalt aufgerufen. Allah würde niemals von einem Menschen wollen, dass er gewalttätig gegen andere Menschen wird.«

»Ich habe mit Adil und Hassan gesprochen«, entfährt es ihm. »Sie sagen –« Er zuckt zusammen. Augenblicklich wird ihm klar, dass sein Ungestüm mit ihm durchgegangen ist.

»Und wenn du dich hier, im Gefängnis, mit Leuten zusammentust«, erwidere ich, »die genau das wollen, sinkst du nur noch tiefer ab.« Faris' unbedachte Worte haben mir in Erinnerung gerufen, wie weit das Schreckgespenst Extremismus zwischenzeitlich fortgeschritten ist, wo überall die Fangarme der Radikalisierung hinreichen. Sie machen nirgendwo Halt, erst recht nicht vor den dicksten Gefängnismauern. Längst sind auch Haftanstalten zu Brutstätten des Bösen geworden. Die Einflussnahme von Häftlingen auf Häftlinge ist beträchtlich. Antworten, die wir als Gesellschaft nicht geben und auch nicht ich als Imam (der ich ja nicht ständig bei ihnen sein kann), holen Suchende sich anderswo – und tritt dieses Anderswo als radikaler Häftling in Erscheinung, wird es brandgefährlich. Adil und Hassan, diese beiden von Faris erwähnten Mitinsassen, geben zwei grell leuchtende Beispiele dafür ab, wie unumgänglich es ist, unermüdlich ein Gegengewicht zu stellen.

Alle beide sind mir von meiner Arbeit in der Josefstadt wohlbekannt.

Der eine, der tschetschenisch-stämmige Hassan, rühmt sich in Haft seit jeher seiner angeblichen Belesenheit in Sachen Islam, fällt in den Freitagspredigten wiederholte Male durch aufwieglerische Zwischenrufe auf.

»Ich habe hier drinnen viel über den Islamischen Staat gelernt«, erklärt mir Adil eines Nachmittttags.

»Der IS braucht uns.«

»Ach ja?«

»Ja«, sagt er fast euphorisch. »Hassan weiß alles darüber.«

Schleppend, sehr schleppend nur gelingt es mir, Adils Begeisterung in zahllosen Gesprächen herabzukühlen. Doch allmählich fasst er Vertrauen, und so erfahre ich nach und nach Einzelheiten über diesen glorifizierten Hassan, der trotz zahlloser Angebote meinerseits jedes Vier-Augen-Gespräch mit mir kategorisch ablehnt. Ein Drogendealer, Serieneinbrecher, skrupelloser Gewalttäter – und vom kleinen Zeh bis zur Haarspitze von radikalem Gedankengut durchwirkt. Schließlich kann ich die Trakt-Kommandanten bewegen, die beiden Zellengenossen zu trennen. Denn auch darin besteht eine der dringlichen Aufgaben als Seelsorger hinter Gittern: radikale Insassen, die als solche möglicherweise offiziell gar nicht verbucht sind, zu identifizieren und von den übrigen Gefangenen weitgehend zu isolieren.

Als hart zu knackende Nuss erweist sich da auch Aida, eine der ganz wenigen muslimischen Frauen in der JA. Aida ist bosnischer Herkunft. Ihr Schicksal erweist sich als das einer verknallten, bedingungslos hörigen Frau. Sie hat sich aufgemacht, mit ihrem Mann in den Krieg zu ziehen. An seiner und an der Seite dreier Tschetschenen. Nach ihrer Inhaftierung (sie hat es nur bis an die österreichische Staatsgrenze geschafft) finde ich ein Häufchen Mensch vor, das obendrein in der Haft ein Kind zur Welt bringen muss. Eine verschlossene, selbstmordgefährdete, dreißig Jahre junge Muslimin, die fast gar nichts von sich preisgibt. Und so kann ich es schon als echten Erfolg für mich verbuchen, dass sie nach mehreren Anläufen wenigstens das Angebot psychologischer Hilfe in Anspruch nimmt.

Bei Vorträgen, die ich im gesamten deutschsprachigen Raum halte, werde ich immer wieder gefragt, warum gerade Muslime ihrer Religion einen so exorbitant hohen Stellenwert einräumen, ganz anders als etwa Christen. Die Antwort ist vielschichtig und in seiner ganzen Dimension nur schwer zu fassen. Doch hat es auf jeden Fall mit Identität zu tun. Viele Muslime zeigen auch offenen Stolz über ihre Religion. Umso mehr ist es ein Paradoxon, wie wenig die allermeisten über den Islam Bescheid wissen. Mit dem oft vorgebrachten Argument, Radikalisierung habe auch massiv mit Sprachmängeln zu tun, kann ich jedenfalls nur wenig anfangen – nahezu alle Extremisten, die mir bisher in der Josefstadt untergekommen sind, sprechen ausreichend gut bis sehr gut Deutsch.

BETEN AM HANDTUCH.
DER BLICK IN DIE SEELE.

Den Rücken am kühlen Gemäuer, hockt Tarik auf dem Bett, die angewinkelten Beine von den Armen fest umschlungen. Lichtsmog der Stadt ringsum fällt durch das vergitterte Fenster. Tarik stiert ins diffuse Halbdunkel, und manchmal ist ihm, als tanzten die Schatten seiner in der Zelle verstreuten Habe auf ihn zu. Von ihm weg. Und auch die Mauern kommen und gehen, bedrängen ihn. Sie blasen sich nach seiner Richtung auf, ziehen sich zurück, atmen in schweren Zügen. Es dauert, bis er wieder weiß, wer er ist. Und wo.

Zuletzt schläft Tarik nur noch stundenweise. Das Grübeln zerfrisst ihn. Nie zuvor hat er dem, was er einmal als Leben gekannt hat, annähernd so viel Bedeutung beigemessen wie jetzt. Vieles war ein Hinnehmen. Ein Treiben. Ein Sich-Ergeben. Ein Sich-Fügen. Automatismen. Doch mit Automatismen lässt sich seine Welt nicht länger erklären.

Tarik hat Schuld auf sich geladen. Große Schuld. Und wenn ihm die Erinnerung an Syrien wie wirbelnder Wüstensand durchs Gehirn bläst und der Schädel zu platzen droht, reißt er oftmals den Mund sperrweit auf und schreit den Druck hinaus. Namen. Flüche. In Schlagworte gefasste Bilder. Hinaus in die Nacht über der Wiener Josefstadt. Vielleicht entfahren ihm diese Schreie auch bei Tag. Er ist sich nicht sicher. Tarik hat die Kontrolle über sich verloren, und die ungewisse Aussicht, die anderen könnten ihn deshalb für verrückt halten, lähmt ihn obendrein.

Nach seiner Heimkehr ist Tarik nicht augenblicklich desillusioniert gewesen. Ja, Syrien war ein Fehlschlag. Doch er hat begonnen, seine immer noch strotzenden Energien in neue Bahnen zu lenken, etwas Großes auf die Beine zu stellen.

Hier, im Herzen Mitteleuropas. Dazu kommt es gottlob nicht mehr. Und erst jetzt, hinter Gittern, beschreitet er allmählich den langen, in endlosen Mäandern dahinlaufenden Pfad der Besinnung.

Zunächst beschäftigt ihn die Scham. Weil er inzwischen weiß, wie beschämt man seinetwegen ist. *Man* bedeutet: die Familie. Die engsten Verwandten und Freunde. Sie alle hat er bitterlich enttäuscht. Den kleinen Bruder. Die Zwillingsschwester. Und, allen voran, die Mutter, die er vor seinem Ausbruch finanziell gestützt hat (weil der krebskranke Vater es nicht mehr vermag) und die sich nun allseits auf ihn ansprechen lassen muss. Auf ihn, den missratenen Sohn.

Ob im Supermarkt oder auf der Parkbank im Innenhof der Wohnanlage, draußen in Wien-Favoriten. *Man* kennt einander. Und *man* hat erwartet, er würde in die Rolle des Ersatz-Vaters schlüpfen. Und er, Tarik, hat auf allen Linien versagt. Er hat es von Grund auf verbockt. Der gar nicht so üble Arbeitsplatz in der Waschanlage an der Tankstelle ist dahin, die Aussicht auf baldige Entlassung trübe. Die Gerichtsverhandlung steht noch aus. Ein vernichtender

Gedanke jagt den nächsten. Unkontrolliert brüllt Tarik drauflos.

Nein! Nein!! Nein!!!

Für uns hier draußen mag die seelische Marter eines Tarik etwas Tröstliches haben. Etwas von später Gerechtigkeit. Von Genugtuung. Selbstmitleid steht dem 23 Jahre jungen Mann mit Wurzeln am Marmarameer – nahe jener Region, wo es über die Dardanellen mit der Ägäis verbunden ist – ins Gesicht geschrieben, wenn er davon spricht, wie sehr er die Mutter vermisst. Ob Eltern, Großeltern, Geschwister, andere nahe Verwandte – die Familienbande sind bei Menschen wie ihm in den allermeisten Fällen noch dichter geknüpft als jede Hingabe an die Religion. Gerade zu Zeiten, wo vieles im Argen liegt. Der Absturz aus dem flauschigen Wolkensaum der IS-Ideologie in die Wirklichkeit ist eine Bruchlandung ersten Ranges.

Tariks Möglichkeit zur Wahl ist in Wahrheit keine. Sich abermals den wahnhaften Ideen einer Wiedererrichtung des Kalifats zu unterwerfen, erscheint selbst ihm mittlerweile wahnwitzig. Die Katharsis hat ihn nicht erreicht. Nicht als Ruheraum, nicht als Zustand der Erholung dank erfolgter Wirkung.

Der Prozess Katharsis jedoch ist voll im Gange. Wie kleine, unermüdliche Faustschläge gegen einen Punchingball oder auch wuchtige in einen Sandsack bearbeiten ihn seine Gedanken.

Tarik sitzt gleichsam zwischen zwei Stühlen, die beide Gewissen heißen, und diese Zerrissenheit und Hilflosigkeit hat bewirkt, dass er das Verhalten eines kleinen Kindes an den Tag legt, dass er sein Urbedürfnis nach Schutz erneut auslebt: Tarik will zu seiner Mutter.

»Was ist, wenn ich wieder draußen bin, Imam? Muss meine Mutter dann noch härter arbeiten, weil sie auch mich durchfüttern muss? Weil ich keine Arbeit finden werde? Wie soll ich es hier aushalten?«

»Du hältst es aus«, sage ich. Betont distanziert. Fast kühl. Und: »Was empfindest du als das Schlimmste?«

Tarik zögert nicht eine Sekunde. »Das Alleinsein.«

»Allah ist bei dir. Du bist nicht allein.«

Es ist schon einigermaßen befremdlich: Ein junger Mann wie Tarik hat (oder hatte bis vor kurzem noch) kein Problem mit der Vorstellung, mit dem Gewehr im Anschlag Frauen und Kinder abzuschlachten oder einen LKW zur Waffe zu machen (sein Plan für Europa). Und er hat (oder hatte) auch kein Problem, erfolgreiche Schandtaten seiner Gesinnungsgenossen bei Gesprächen unter Seinesgleichen auf eine fast sakrale Weise abzuhandeln, gerade so, als spräche ein junger Mensch über seine erste Erfahrung mit einem Joint. Und im nächsten Moment schießen ihm die Tränen zum Zeichen einer unvermuteten Rührseligkeit ein.

Was ich meine, ist diese Diskrepanz aus Unerbittlichkeit und Weinerlichkeit. Sie steht wohl, denke ich, für die tiefen Risse zuinnerst seiner Seele. Ich habe gar nicht erst versucht, diese Überlegung vor ihm auszubreiten. Er hätte sie vermutlich nicht zu nehmen gewusst. Stattdessen spreche ich zu ihm von den Schutzengeln (ja, auch die gibt es im Islam, und das ist nur eine von unzähligen Parallelitäten zum Christentum – wobei zumeist in der heutigen Gesellschaft immer nur die Unterschiede betont werden). Ich erinnere ihn an ein Leitmotiv des Korans, das mit den Engeln, die jeden Menschen schützend begleiten.

»Du weißt, dass auch du wie jeder Mensch Engel bei dir hast?«

Tarik nickt vorsichtig.

»Also weißt du, dass du ganz am Ende, am Tag des Jüngsten Gerichts, zur Rechenschaft gezogen wirst?«

Abermals nickt er.

»Gut«, sage ich. »Dann weißt du auch, dass es nicht zu spät ist.«

Und ich erkläre ihm, er solle all das, was er hier hinter Gittern beklagt, als Teil einer Prüfung sehen, die allen Mitgefangenen auferlegt würde. Sei es ...

Erstens: die Trennung von der Familie (die Sorge, ihren nächsten Verwandten könnten ob ihrer eigenen Taten geächtet werden)

Zweitens: Existenz- und Zukunftsangst

Drittens: die Untersuchungshaft, die Zeit vor dem Prozess (selbst die »ganz harten Jungs«, jene Schwerverbrecher, die etwa in der *Justizanstalt Stein* sitzen und fünfzehn und mehr Jahre ausgefasst haben, beklagen, wie ich aus Gesprächen mit einigen von ihnen weiß, die Wochen und Monate vor dem Urteilsspruch am allermeisten. Das hat wohl mit der Ungewissheit zu tun. Nach dem Urteil fällt diese weg.)

Viertens: der Mangel an religiösem Beistand (die extrem knappen Ressourcen an Imamen hinter Gittern erlauben eine intensivere Betreuung nicht – dazu später noch mehr).

Fünftens: Zweifel an der Justiz (der Glaube, Vorurteile seitens der Bevölkerung würden sich in den Schiedssprüchen des Gerichts fortsetzen)

Sechstens: die Schwere der Taten (eine Art Ohnmacht, die sich auf der Suche nach Antworten einstellt – insbesondere, wie es so weit hat kommen können, warum »das Schicksal es so und nicht anders« mit ihnen gemeint hat, weil es so verhängnisvoll und unausweichlich daherkommt, und im Verein damit die Unfähigkeit, Verantwortung zu übernehmen, sich Unrecht und Grausamkeit eigenen Handelns vor Augen zu führen und einzugestehen. Gerade in den Phasen allergrößter Schwäche scheitern viele daran.)

Siebtens: Schuld und Sühne vor Allah (Die Hinwendung zu Gott ist in den dunkelsten Stunden der Gefangenen zumeist am stärksten. Eine Mehrheit hat sich vor der Haft gar nicht oder nur an der Oberfläche mit dem Islam auseinandergesetzt. Sie beginnen nun umso intensiver, über ihn zu reflektieren, über seine zu den Menschen hinabgesandten Botschaften. Und sie fragen sich mitunter – geprägt vom Bild eines *Nur-Strafenden-Gottes* –, was er wohl mit ihnen im Sinn habe.)

Profan mögen da auch die Klagen vieler Häftlinge über die Anstaltskost klingen, genau genommen, dass es kein Halal-Fleisch gibt. Dass also – ähnlich koscheren Speisen im Judentum – eine Abfolge strikter Regeln beachtet werden muss, ehe eine Speise auf den Teller darf. Ab und an werde ich dann sogar – anders als bei den zahllosen Geboten, die angeblich im Koran stünden, von den Häftlingen aber (weil nicht existent) niemals belegt werden können – mit einer tatsächlichen Sure konfrontiert (5:3): »*Verboten* ... *ist euch der Genuss von Verendetem, Blut, Schweinefleisch und allem, worüber ein anderer Name als Allahs ausgerufen wird.*«

Grundvoraussetzung für *halal* bzw. *koscher* ist das Schächten eines Tieres, also das Durchtrennen der Halsschlagader mit einem einzigen Schnitt, um das Tier ausbluten zu lassen, während der Schächter die *bismillah* ausspricht, die Anrufung Allahs. Erst unmittelbar danach werden die Tiere betäubt (in Österreich wie auch Deutschland ist das inzwischen unter Einhaltung des Tierschutzgesetzes und unter Fachaufsicht erlaubt, vorausgesetzt, das Tier wird *unmittelbar nach dem Schächtschnitt wirksam* betäubt). Das klingt nun alles sehr viel dramatischer, als es in Wahrheit ist. Ich halte es da mit meinem Freund, dem Rabbiner Schlomo Hofmeister, der die tierschonende Effizienz professionellen Schächtens in einem Interview für *Die Presse* mit folgenden Worten knapp und doch klar skizziert hat: »Der Schächtschnitt dauert eine Sekunde, und der Blutdruckabfall im Gehirn führt zur sofortigen Bewusstlosigkeit. Jüdisches Schächten ist effektive Betäubung und Schlachtung in einem Vorgang. Konventionelle Betäubungsmethoden haben in der Praxis eine hohe Fehlerquote, und die Tiere leiden dann wirklich. Das kann bei der Schächtung gar nicht passieren.« Das hat auch für islamisches Schächten Gültigkeit, weil es ident abläuft.

Halal ist zum boomenden Wirtschaftszweig geworden, und allmählich springt auch der mitteleuropäische Markt darauf an. Strenggenommen – um ein Extrembeispiel herauszugreifen – sind auch herkömmliche Gummibärchen *haram*, also verboten, weil für die Produktion Schweinegelatine verwendet wird (inzwischen gibt es welche mit Gelatine ohne Schwein). Hinter österreichischen Gefängnismauern allerdings ist *halal* kein Thema. Nicht etwa aus Logistikgründen, wie man meinen könnte. Der Leiter einer der vielen Anstaltsküchen des Landes hat es mir gegenüber einmal so formuliert: »Herr Demir, vergessen Sie's. Für uns hier am Kochtopf macht es keinen Unterschied. Der Aufwand ist derselbe wie bei konventionellem Fleisch. Aber was glauben Sie, was los ist, wenn gewisse Wachebeamte das spitzkriegen. So schnell können Sie nicht schauen und die nächste Zeitung posaunt hinaus, dass jetzt für die Muslime auch beim Kochen Extrawürschte gemacht werden.«

Ein lupenreines Politikum also, das dazu geführt hat, dass es religiöse Häftlinge gibt, die sich seit Jahren gezwungenermaßen vegetarisch ernähren. Sie beklagen diesen Zustand zurecht, schließlich sehen sie in *halal* die Vervollständigung ihrer muslimischen Identität – und in der Verweigerung durch die Anstaltsleitung die Missachtung derselben. Noch dazu wird für die wenigen jüdischen Insassen sehr wohl koscher gekocht, was ich auch als richtig und selbstverständlich empfinde. Es ist also in erster Linie eine Frage der Gerechtigkeit. Musa, jener Muslim, den ich Ihnen zu Beginn vorgestellt habe, zählt zu jenen, die das Fehlen von *halal* besonders lautstark beklagt haben. Ein anderer ist Hamed.

»Halal hat für das Gefängnis keine Priorität«, sage ich eines Tages.

»Hier gibt es keine Gerechtigkeit«, poltert er augenblicklich los. »Die Juden –«

Hamed ist Ägypter durch und durch, trägt einen fast schon pyramidalen Stolz zur Schau. Das Kinn hoch erhoben, die dunklen, funkelnden Augen stets fordernd, das Haar mit Gel niedergezwungen. An diesem Tag, als wir das Thema *halal* abhandeln, ist Hamed einigermaßen aufgewühlt. Er hat soeben den zweiten Verhandlungstag hinter sich. Aufbau einer terroristischen Gruppe. Planung terroristischer Akte. Ankauf von Waffen, Waffenteilen und als Waffen verwendbaren Chemikalien.

»Sie hassen uns.« Blitzartig hat Hamed sich in Rage geredet. »Sie hassen uns, weil wir Muslime sind. Sie schimpfen uns ›scheiß Moslem‹. Sie haben keinen Respekt. Und das zeigen sie uns, indem sie uns unser Essen nicht geben. Für die alle sind wir Dreck.«

»Nein. Warum verallgemeinerst du?«

Indes, Hamed ist nicht zu bremsen. »Genauso läuft es vor Gericht. Ich habe es gesehen. Wir bekommen keinen fairen Prozess. Niemand von uns.«

Gerechtigkeit. Das ist eine dominante Fragestellung bei vielen meiner Gespräche mit Männern wie Hamed. Er würde nächtelang wachliegen und sinnieren. Die Willkür der Justiz und seine Angst vor einem Urteil lägen allein darin begründet, wie lange er auf seinen Prozess habe warten müssen. Tatsächlich dürfte sein Empfinden in den Gepflogenheiten des Justizapparats seines Herkunftslandes begründet sein, das – wie in anderen arabischen Ländern auch – an Unkalkulierbarkeit kaum zu überbieten ist.

»Okay«, sage ich. »Du willst Gerechtigkeit. Weil sie jedem zusteht?«

Er nickt, sieht mich misstrauisch an. »Allah ist der Gerechte«, sagt er unvermutet. »Der Gerechteste. Und wir bringen seine Gerechtigkeit in die Welt.«

»Ach ja? Wie steht es um eure Gerechtigkeit? Die, die ihr euren Opfern widerfahren lasst? Und wie sieht es mit den Frauen aus? Gleiches Recht für alle, oder? Auch das ist Gerechtigkeit.«

Hamed legt die Stirn in Falten, sieht mich misslaunig an. Statt darauf einzugehen, schwenkt er völlig ab, erzählt er mir von einem Traum. Nacht um Nacht träume er von wild dahingaloppierenden Pferden. Weiße. Schwarze. Braune. »Das gefällt mir, Imam. Aber was bedeutet es?«

Ich antworte mit einem Hadith. »Der Prophet Muhammad sagt: Wenn du etwas träumst, das du als positiv empfindest, dann denke dir, dass es genauso passieren wird. Hast du aber einen Traum, der schlechte Gefühle in dir auslöst, so sage dir, dass das genaue Gegenteil eintreffen wird. Wende es immer zum Guten.«

Wilde, ihrer Freiheit ausgelassen frönende Pferde (ich gebe nichts auf Traumdeutungsbücher, habe es jedoch aus Neugier noch am selben Abend nachgeschlagen) stehen in der arabischen Traumdeutung für ausschweifenden Genuss. Für Zügellosigkeit im Vergnügen. Eine Deutung, der ich im Zusammenhang mit Hamed und seiner Lage nichts Zielführendes abringen kann. Also verschweige ich sie ihm, als er mich das nächste Mal danach fragt. Stattessen versuche ich, ein Wir-Gefühl in ihm zu erwecken, zu stärken, seine Ressentiments abzuschwächen, ihm neue Hoffnung zu geben. Ich spreche von einer österreichischen Justiz, die darauf ausgelegt ist, allen Menschen gleichermaßen zu dienen.

Ob ich ebenfalls der Ansicht sei, will er ein andermal wissen, der IS würde Passagen des Koran bewusst verzerrend herausgreifen und Missbrauch damit treiben.

»Ja, das bin ich.« Und ich muss unwillkürlich an ein Problem denken, das sich bei allen monotheistischen, abrahamitischen Religionen (und dazu zählen nun mal Islam, Christentum und Judentum) im Laufe der Geschichte offenbart hat: Es ist das Heranziehen alter Texte, um sie gezielt umzudeuten oder überhaupt gleich eins zu eins zu kopieren und etwa vom Religiösen ins Politische zu verfrachten. Missinterpretieren, dem Kontext entreißen oder einzelne Sätze rauspicken – alles bloß, um den von Menschen heraufbeschworenen Kampf gegen Andersdenkende zu legitimieren.

Seit jeher werden Religionen von Menschen missbraucht, um ihre Interessen mit Gewalt durchzusetzen. Sei es im Christentum (Stichwort Kreuzzüge, wo Muslime und Juden im Namen Gottes massakriert wurden, sei es im heutigen Myanmar, wo sogar der Buddhismus, die angeblich friedfertigste Religion von allen, schändlich benutzt wird, um Terror gegen Mitmenschen auszuüben).

Dies nur zur Veranschaulichung, frei von Wertung. Politische Texte, Vorträge, werden also in religiösem Interesse missbraucht, um das Bild eines *Nur-Strafenden-Gottes* zu zeichnen, den die Menschen nach Möglichkeit fürchten. Und Ähnliches geschieht auch mit dem Koran, bloß – wenn man so will und vereinfacht ausgedrückt – auf umgekehrtem Wege.

Hier werden religiöse Texte beliebig aus ihrem historischen Zusammenhang gerissen und zu nichts als politischen Zwecken missbraucht.

Einem wie Hamed kann ich das nur schwer im Detail auseinandersetzen, doch die Kernbotschaft erreicht auch ihn: Es wird Missbrauch betrieben. Seit jeher missbrauchen Menschen Religion. Und ich mache ihm begreiflich, dass die Gefahr, Allah könnte ein eifernder Gott gegen den Christengott sein oder umgekehrt, keine ist – denn Allah und der Gott der Christen (auch das sorgt oftmals für unwissendes Erstaunen) sind ein und derselbe. Übrigens: Die Christen in Jerusalem oder auch die Kopten in Ägypten sagen nicht Gott, sondern Allah.

Feindselig spirituelle Energien in friedliche wandeln. Darin sehe ich eine meiner großen Aufgaben als Gefängnis-Imam. Auch Samir lenke ich behutsam in diese Richtung. Samir ist ein drahtiger, 27 Jahre alter Bosnier. Sein ganzer Körper versprüht Wachsamkeit pur, wenn wir miteinander sprechen, was ich mitunter darauf zurückführe, dass er erprobter Kampfsportler ist. Kickboxer. Gut und gerne fast einen Meter neunzig groß, von der Natur ausgestattet mit langen, sehnigen Armen.

Lange Zeit habe ich bei ihm das Gefühl gehabt, einen so genannten Supermuslim vor mir sitzen zu sehen. Einer, der gar nicht muslimisch genug sein kann, dabei allerdings auf das verlogene Islamverständnis der Extremisten baut, das er inhaliert zu haben scheint. Einer, zu dem nichts aus der Außenwelt vordringt, was sein starres Weltbild erschüttert. Einer auch, der sich auf geradezu paradoxe Weise unterwirft und so besonderen Respekt erkämpft, sich vor allen anderen erhöht.

Irgendwann fallen aus seinem Mund dann doch die Sätze, die ich so sehr erhofft habe. »Gott wollte mir zu verstehen geben, dass ich auf dem falschen Weg bin. Deshalb hat er mich ins Gefängnis gebracht. Er hat mich gerettet. Vielleicht hätte ich ja gemordet und gefoltert. Vielleicht wäre ich selbst gefoltert, ermordet worden.«

Bei jedem unserer Gespräche bittet er mich, aus dem Koran zu zitieren, ihm lehrreiche Geschichten des Propheten vorzulesen. Und er beschließt sie stets mit einem »Ich danke Allah« auf Arabisch.

Al-Hamdulillah.

Samir ist anders als andere Mithäftlinge. Auch kommt er mit der Einzelzelle gut zurecht, scheint die Isolation sogar zu genießen. Tag und Nacht, sagt er, widme er sich dem Studium des Koran. Dem Gebet. Im Gegensatz zu vielen seiner Genossen ist seine Hinwendung zu Gott nicht erst hinter Gittern erfolgt, wenngleich beträchtlichem Wandel unterworfen worden. »Ich habe hier so viel Zeit zum Nachdenken. Ich denke über meine Religion nach, darüber, was ich getan habe, was ich in Zukunft anders machen will.«

Der Blick in Samirs Seele ist besonders spannend. Denn Samir entpuppt sich als das, was ich *personelles Feingold* des IS genannt habe. Der lebende Beweis, wie ausgeklügelt, wie raffiniert die Personalwahl der Extremisten erfolgt. Er ist gewandt, geistig wie sprachlich, versteht es, Menschen zu überzeugen. Darum hat man ihn nicht in den Krieg wohin immer entsandt, sondern fürs Rekrutieren auserwählt.

Das Gebet ist für Samir ein unverzichtbares Ritual. Da er keinen Gebetsteppich sein Eigen nennt, behilft er sich mit einem Handtuch, das er feinsäuberlich vor sich in der Zelle ausbreitet. Er steht geraume Zeit aufrecht da, dann beugt er sich vor Gott, wirft sich nieder. Fünfmal täglich. Alles, wie der Koran es gebietet. Vor Sonnenaufgang das Morgengebet, das Mittagsgebet, wenn die Sonne am Zenit steht, später das Nachmittagsgebet, gleich nach Sonnenuntergang das Abendgebet – und das Nachtgebet, wenn völlige Dunkelheit herrscht.

Er sagt, die Gebete gäben ihm Kraft. Es gelänge ihm, einen direkten Draht zu Allah herzustellen. Tatsächlich wirkt er auch von Mal zu Mal ruhiger, gefestigter. Und ich gewinne nach und nach den Eindruck, seine Reue, seine Bitten um Vergebung entsprängen seinem tiefsten Inneren.

Eines Tages jedoch finde ich ihn völlig aufgelöst bei unserem Gesprächstermin vor. Ein Justizwachebeamter habe während des Gebets die Zelle betreten, ihn von einem Besucher informiert. Samir reagiert nicht, betet weiter. Der Beamte geht, kommt auch nicht wieder – und der Besucher ist schließlich weg. Samir ist erst traurig, dann wütend, hadert, bezichtigt den Beamten der Respektlosigkeit, der Willkür.

»Nein«, entgegne ich ihm. »Wie du sein Gehen und Nicht-Wiederkehren, hat er vermutlich dein Nicht-Reagieren als respektlos empfunden.« Nur eines von zahllosen Beispielen für die Missverständnisse, die – vor allem aus Unwissen – zwischen Kulturen und Religionen entstehen.

»Hätte ich das Gebet unterbrechen dürfen, Imam?«

»Natürlich. Das Gefängnis ist eine Ausnahmesituation. Dafür gibt es klare Regeln. Sie gelten nicht nur für Kranke.«

Nicht minder dringlich die Sorge eines anderen Insassen. Sein Zellennachbar habe über seinem Bett das Bild einer nackten Frau aufgehängt. Er könne, nein, er dürfe wohl gar nicht in diesem Zimmer beten. Er müsse das akzeptieren, halte ich dagegen. Er könne den Mitbewohner nicht in seiner Freiheit einschränken. Er solle eben wegsehen beim Beten. In eine gänzlich andere Richtung. Erst das hat ihn einigermaßen beruhigt.

Wissen, was Häftlinge bewegt. Der Weg dorthin ist oft ein langer. Erst wenn sie Vertrauen schöpfen, öffnen sie Zug um Zug das Tor zu ihren Seelen. Als Seelsorger versuche ich ihnen das Gefühl zu geben, sie alle gleichermaßen zu schätzen, sie niemals zu verurteilen – ungeachtet ihrer Herkunft, ihres Aussehens, ihrer Taten. Authentizität ist oberstes Gebot, und ich glaube, das macht es auch aus, warum so viele Häftlinge sich mir anvertrauen.

Zugleich bin ich bemüht, sie zu eigenständigem, kritischen Denken anzuregen. Gut erkennbar ist dieser einmal eingeschlagene Weg der Reflexion an den Fragen, die sie mir zum Islam stellen. Und so fordere ich sie auch gelegentlich auf, ihre an mich gerichteten Fragen selbst zu beantworten. Viele werden da zum ersten Mal in ihrem Leben auf sich selbst zurückgeworfen, auf die Radikalität ihres Gedankenguts, müssen sich einer gestrengen Prüfung ihrer selbst unterziehen. Das fordert, ist aber auch als unerlässliche Erfahrung der erste Schlüsseldreh zum Tor der Läuterung. Wünsche, Geschehenes ungeschehen machen zu wollen, werden da nur zögerlich formuliert, und jede Unterstützung kommt gerade recht.

Der Weg zur De-Radikalisierung ist lang, felsig, intensiv – und die Möglichkeiten der 33 Gefängnis-Imame für ganz Österreich sind enden wollend. Nur ein einziger wird für seine Tätigkeit entlohnt – nicht etwa aus Steuermitteln, sondern mittels Spendengeldern (circa 56.000 Euro), die beim Freitagsgebet in Moscheen im vergangenen Februar österreichweit eigens gesammelt worden sind. Die übrigen Seelsorger hinter Gittern üben die Funktion allesamt ehrenamtlich aus – neben ihrem Brotberuf. Sämtliche Bitten an die zuständigen Stellen, Abhilfe zu leisten, verhallen ungehört. Indes, die Kapazitäten an katholischen Seelsorgern sind bedeutend höher und werden auch aus Staatsmitteln gedeckt. Völlig zu Recht, wie ich meine. Doch lehrt die Praxis, dass das Verlangen nach Beistand seitens muslimischer Gefangener im Verhältnis zu manch anderen um ein Vielfaches höher ist. Manchmal erscheinen mir dann – gerade von politischer Seite – die hitzigen Diskussionen rund um die potentielle Gefährlichkeit frisch entlassener, muslimischer Straftäter gerade so, als wollte man die Verantwortung (von wem immer) bloß möglichst öffentlichkeitswirksam einmahnen, um sich im selben Atemzug ihrer zu entledigen.

Je nachdem, wie weit extremistisches Gift bereits in die Köpfe und Herzen geträufelt, wie tief es in den Seelen der Menschen eingelagert ist, unterscheide ich zwischen der großen Gruppe von Mitläufern (darunter solche, die erst wenige Monate dabei sind und folglich meist verhältnismäßig »einfach« zurückzuholen sind), der entschieden kleineren der schon jahrelang Mitlaufenden (sie sind bereits bedeutend schwieriger zu knacken) – und den Leadern. Sie stellen uns auf die allerhärtesten Proben – und unter ihnen wiederum jene, die als Supermuslime auftreten. Eine eigene Liga an Härtegrad stellen da einige Konvertiten dar. Sie schweben wie im Dauerrausch durch ihr neues Dasein, leben ihr Gefühl von Unbesiegbarkeit in vollen Zügen aus, genießen die Gewissheit, alle Niederlagen ihres alten Lebens überwunden zu haben.

Diese jungen Menschen verschreiben sich fortan einer Utopie absoluter Makellosigkeit, der Aussicht, auf alle Tage im Paradies Wurzeln zu schlagen. Der Resetknopf ist gedrückt, die Sucht nach Idealen voll entbrannt. Sie trotzen der Welt eine völlig neue Identität ab, eine, die ein Leben als Supermuslim bedeutet. Solche Supermuslime weichen keinen Millimeter ab, sei es aus unverrückbarer, felsenfester Überzeugung, weil sie sich in ihrer zweigeteilten Welt aus Gut und Böse bequem eingerichtet haben, oder sei es bloß, weil sie eine Abkehr von ihrem Image als unmöglichen, unerträglichen Gesichtsverlust gegenüber der Häfen-Community empfänden. Sie leben in einer Echokammer, deren Wände ausnahmslos mit Ansichten von Predigern tapeziert sind, die so ticken wie sie, und sind blind für die überwiegende Mehrheit andersdenkender Gelehrter. Und so muss ich, wiewohl wir es bis zum letzten Atemzug versuchen sollen und wollen, unumwunden eingestehen: Ja, es gibt sie, die hoffnungslos Verlorenen.

KOPF AN DIE WAND.
DE-RADIKALISIERUNG UND REUE

Nicht nur das Böse fruchtet, streut seine Samen und schwirrt nach allen Richtungen aus, wie wenn ein heftiger Windstoß in die grauen Schirmchen einer Pusteblume fährt. Auch der Zweifel an diesem Bösen tut es. Sehe ich nur das kleinste Korn Unschlüssigkeit, Bedenken oder Vorbehalt sprießen, ist es meine Pflicht als Seelsorger, dieses Korn mit aller Kraft und Sorgfalt zu begießen und zu hegen und pflegen. Eine Symbiose, wie man sie aus der Biologie kennt, wo ein Organismus und sein Gast zu beider Vorteil zusammenfinden, der Wirt und sein Parasit, in unserem Fall eben ein radikaler Muslim und der Zweifel an seiner Gesinnung.

Mansur, ein Mann kurdischer Abstammung in den mittleren Zwanzigern, ist so ein Träger von Zweifeln. Darum kommt es überhaupt erst zu einem ersten Gespräch zwischen uns. Seine verschlossene Art bei den Freitagsgebeten ist mir schon lange aufgefallen, und eines Tages, unmittelbar nach dem Gebet, biete ich ihm eine Unterhaltung an. Mansur zögert nicht lange, nickt stumm.

Wie üblich, ist erstmal das Schöpfen von Vertrauen angesagt. Und so drehen sich unsere ersten Treffen auch nur um Alltägliches, doch nicht Belangloses: die Familie, die Haft, der baldige Prozess, solche Dinge. Und erst allmählich, als folgte man den Windungen eines Schneckengehäuses zu seinem Ursprung, nähern wir uns dem Kern. Dem Kern seiner radikalen Gesinnung.

Wir sprechen über die Türkei. Dann auch über Syrien, wo er bereits einmal als IS-Kämpfer gewesen ist. Unvermutet beugt Mansur sich über den kleinen Tisch, und ich wappne mich innerlich bereits für eine ausführliche Lebensbeichte.

»Egal, was wir hier reden, Imam«, sagt er. »Wenn ich hier raus bin, gehe ich zurück nach Syrien.« Er habe blendende Kontakte in der Region, habe auch, kurz vor seiner Verhaftung, via Skype erste Details seiner Rückkehr ausverhandelt.

Ich fange mich rasch. »Du willst zurück in den Krieg?« Er schweigt, also fahre ich fort. »Warum willst du das tun?«

»Weil es unsere Pflicht ist.«

»Ist es eure Pflicht, schuldlose Menschen, Frauen und Kinder zu töten?«

Mansur funkelt mich aus seinen Knopfaugen an, sagt jedoch kein Wort.

»Ich bin auch Muslim«, sage ich. »Ich bin sogar Imam. Aber ich kämpfe nicht in Syrien, und ich habe es auch nicht vor. Kenne ich deshalb meine Pflichten nicht? Nun?«

Schweigen.

»Warum sind mehr als 99 Prozent aller Muslime weltweit gegen den IS? Kennen sie alle ihre Pflichten nicht?«

Mansur hebt den Kopf, und ich erkenne, dass ein paar Tropfen Wasser den Samen seines Zweifels erreicht haben. Und eine innere Stimme sagt mir, dass es diesem Samen nach mehr dürstet. Also setze ich mit einem Koranvers nach. Auf Arabisch.

Mansur sieht mich irritiert an.

»Du verstehst es nicht? Also gut, ich übersetze für dich: ›Wer einen Menschen tötet, so ist es, als ob er alle Menschen getötet hätte. Und wer einen Menschen am Leben erhält, so ist es, als ob er alle Menschen am Leben erhält. Kennst du die Sure?‹«

Mansur schweigt.

»Allah sagt das im Koran. Sure 5, Vers 32. Schlag es in der Anstaltsbibliothek nach, wenn du mir nicht glaubst. Nun, was willst du? Die Menschheit töten oder sie retten?«

Abermals antwortet Mansur nicht, doch seine Angespanntheit knistert hörbar. Der ganze junge Mann steht unter Strom. Ich muss innerlich schmunzeln, denn auf einmal steht mir das Bild eines Zitteraals vor Augen, wie ich erst Tage zuvor einen im Fernsehen gesehen habe. Ich glaube, es war die *Universum*-Reihe. Zitteraale sondern ihre teils enormen Stromstöße nicht bloß beim Angriff auf Beute ab, sondern vor allem auch im Zustand von Bedrohung. Zur Verteidigung.

»Wer erlaubt uns zu töten?«, frage ich.

»Ich habe mit Islamexperten in der Türkei gesprochen«, sagt Mansur. »Mit Experten. Und die wissen ...«

»Dort wissen sie was? Was Allah will?«

Er nickt.

»Sind das Freunde von dir?«

Abermals Nicken. Dann: »Eigentlich mein Cousin. Und seine Freunde.«

»Kennst du sie gut?«

»Sehr gut.«

»Wie oft besuchst du deinen Cousin und seine Freunde?«

»Jedes Jahr.«

Ich sehe ihn zweifelnd an, einen endlosen Augenblick lang. Mansurs Augen flackern. »Also gut. Jedes zweite Jahr. Mindestens.«

»Was genau erzählen dein Cousin und seine Freunde?«

»Dass wir die Ungläubigen töten müssen. Dass es so im Koran steht. Arif weiß das.«

»Arif?«

»Er ist der Älteste.«

»Und woher weiß es Arif?«

»Er weiß es eben.«

»Behauptet Arif auch, dass er sich im Islam sehr gut auskennt?«

Misstrauische Blicke in meine Richtung, dann erst ein zögerliches *Ja*.

»Wenn er sich also auf den Koran beruft ... hast du die Verse schon einmal nachgeschlagen?«

Schweigen.

»Welche Stelle hat er zitiert? Weißt du es noch ... so ungefähr?«

Jetzt scheint Mansur seine Chance zu wittern. »Ja!«, ruft er. »Dass wir für unsere Geschwister kämpfen und die Ungläubigen töten müssen.«

»Also gut«, sage ich, wissend, dass die Zeit abgelaufen ist, aber auch, weil das viele Gesagte in Mansur sickern soll, »wir reden ein andermal weiter.«

Gleich beim nächsten Treffen knüpfe ich den Gesprächsteppich an derselben Stelle fort. »Dieser Vers mit dem Töten von Ungläubigen ...«, eröffne ich.

»Ja?«

»Der steht tatsächlich im Koran.«

Mansur starrt mich an. Er macht einen nahezu enttäuschten Eindruck auf mich. Als hätte der schon ein stückweit etablierte Keim des Zweifels in seinem Sprießen einen unerwarteten Dämpfer erlitten.

»Kennst du auch die Verse davor und danach?«

Ich hätte mir die Frage ersparen können. Natürlich kennt Mansur sie nicht. Natürlich ist auch er der willkürlichen Entnahme eines obendrein verzerrten Koran-Zitates durch IS-Schergen erlegen.

»Denkst du, du würdest deinen muslimischen Geschwistern helfen, indem du mordest? Wenn du womöglich selbst dein Leben verlierst und deine Mutter, deine leiblichen Geschwister alleine zurücklässt?«

Augenzucken. Schweigen.

Ich lege nun einige Strenge in meine Stimme. »Allah will, dass du der Gesellschaft, in der du lebst, dienlich bist. Dass du dich in sie einfügst. Willst du etwas für Allah tun? Ja? Also gut. Es gibt viele Wege. Aber nicht einer heißt: ›Töte andere Menschen‹. Allah gibt das Leben. Allah nimmt das Leben. Er allein darf das.«

»Aber, Imam ...« Mansur zieht die Stirn kraus. »Der IS ... dass er eine einzige Lüge ist ... das kann nicht sein.«

»Warum nicht? Behauptet nicht der IS genau dasselbe? Dass der Westen und seine Demokratie eine einzige große

Lüge sind? Die Zahl der IS-Anhänger ist im Vergleich zur gesamten Menschheit glücklicherweise verschwindend gering. Und doch geben sie vor, die Wahrheit ganz allein für sich gepachtet zu haben. Allah fordert uns im Koran dazu auf, unser Hirn einzuschalten. Sollte es uns nicht wenigstens zu denken geben, wenn von – sagen wir – zehntausend Menschen ein einziger behauptet, der Himmel ist tiefschwarz, obwohl auch alle anderen ihn vor Augen haben und sehen, dass er hellblau ist?«

Auch bei Mansur spule ich auf eine gewisse Weise mein »Programm« ab. Jenes, das ihn zum Nachdenken bringen soll. Das ihn dringende, ihn bedrängende Fragen auch an sich selbst richten lässt. Ohne meinen erhobenen Zeigefinger. Und auf eine gewisse Weise verliere ich dabei nie den Menschen aus den Augen, der da von Angesicht zu Angesicht vor mir sitzt. Seine ganz persönlichen Umstände. Seine ganz persönlichen Fehlansichten, die auch mir einen ganz persönlichen Zugang abverlangen.

»Es ist unmenschlich, zu morden«, sage ich. »Der IS ist unmenschlich. Und er ist zutiefst unislamisch.« Ich halte abrupt inne, reiche ihm die Hand, erhebe mich. »Ich muss jetzt weiter. Sprechen wir das nächste Mal darüber.« Ganz bewusst erkläre ich unser Treffen für beendet. Ein paar Minuten früher als veranschlagt. Mansur hat genug zu kauen und verdauen.

In der Folgewoche, bei unserem nächsten Aufeinandertreffen, rückt er dann auch mit der Frage heraus, die vielen Muslimen hinter Gittern irgendwann einmal so sehr unter den Nägeln brennt, dass sie damit herausplatzen.

»Was will Allah von mir?«

»Er will, dass du ein friedlich-gottergebenes Leben führst«, sage ich. »Dazu gehört, ein stabiles Umfeld zu haben und auch für eines zu sorgen. Ein vertrauenswürdiger Mensch zu sein. Bedürftigen Hilfe zu leisten. Verantwortung zu übernehmen. Für deine Nächsten. Aber auch für die Gesellschaft als solche. Ein *Mensch* zu sein, und nicht ein Monster im Dienste einer verbrecherischen, kriegerischen Idee.«

Ich blicke Mansur in die Augen und sehe, dass es ihm für heute genügt. Er ist sichtbar geknickt, murmelt unentwegt Worte wie *Alles falsch gemacht* in seinen Dreitagesbart. Unübersehbar hat Mansur auf das richtige Gleis eingeschwenkt. Gesäugt mit einer Muttermilch voller Nährstoffe, die ein tolerantes Miteinander heranwachsen lässt, mag das Hervorheben einer solchen Einsicht lachhaft, weil selbstverständlich erscheinen. Tatsächlich bedeutet sie für einen jungen Mann wie Mansur eine enorme Zäsur. Das Abbröckeln dessen, woran er unverbrüchlich geglaubt, ja, woran er seine ganze Existenz geknüpft hat. Das muss ihm so erscheinen, als würde ein Ritter plötzlich ohne Rüstung dastehen. Mit nichts darunter. Splitternackt.

Ich besuche Mansur ab und an in seiner Zelle, und wenn der Beamte die Klinke umlegt und die Türe aufschwingt, finde ich den jungen Mann bisweilen in Zuständen vor, die an Heroinsüchtige auf kaltem Entzug erinnern – jene Spielart, wie man sie aus Filmen kennt. Man zittert am ganzen Leib, schwitzt, weint, verkrampft den Körper, beißt sich die Fingernägel blutig. Manchmal sitzt er aber auch nur apathisch da, starrt Löcher in die Luft. Je nachdem. Einmal will er mit dem Kopf gegen die Wand schlagen, als ich, von ihm unbemerkt, die Zelle betrete. Auch das ein Zeichen des Kampfes, den er gegen sich selbst führt.

»Allah wird mir niemals verzeihen«, stammelt er.

»Allah ist allbarmherzig und allgnädig«, erwidere ich. »Was immer du getan hast, er verzeiht dir.«

»Aber, Iman. Meine Sünden sind zu groß.«

»Nicht die Schwere der Sünden gibt den Ausschlag, sondern die Tiefe deiner Reue. Allah nimmt die Reue eines jeden Sünders bis zum letzten Atemzug. Solange es nur aufrichtige Reue ist.«

Fortan betet Mansur täglich noch mehr. Oftmals stundenlang. Manchmal in unseren Gesprächen bedrängt er mich richtiggehend, will wissen, ob seine Reue nun endlich bei Allah angekommen sei. Jetzt, wo er doch schon so lange und so intensiv ... Als wäre die Reue ein überfälliges Paket, das irgendein Mitarbeiter der Post bloß verschlampt hat. Ich verweise ihn dann stets darauf, dass weniger die Worte nach außen als die Regungen des Herzens für eine Abkehr vom Bösen sprächen.

Entscheidend, sage ich, sei zu allererst die Einsicht, einen falschen Pfad eingeschlagen zu haben. Zu erkennen, mit welchem Lügengeflecht ein IS seine Schergen zu umspinnen weiß, zu erkennen, dass man sich zum Teil eines Systems aus blinder Gewalt und durchtriebener Manipulation gemacht hat. Zu erkennen, worin der Islam tatsächlich bestehe, was ein Menschenleben hier auf Erden, was die Werte einer Gesellschaft tatsächlich ausmachen.

Erst diese Einsicht macht den Weg frei für den Folgeprozess der Reue, der hin zu Allahs Güte führt. Dieser Prozess beinhaltet mitunter, sich selbst vergeben zu können. In Erscheinung tritt der Weg der Reue in unterschiedlichster Ausprägung. Sei es, wie bei Mansur, in Weinerlichkeit und nachgerade selbstzerstörerischem Verhalten bis zum totalen körperlichen wie psychischen Zusammenbruch. Sei es in Tobsuchtsanfällen oder auch andauernden Trotzphasen, die irgendwann in die einer oder andere Richtung aufbrechen. Der Vielfalt menschlicher Bewältigungsmechanismen sind hier kaum Grenzen gesetzt.

Und so kann ich eines Tages auch jenes Bedenken ausräumen, das Mansurs Weg ans Licht lange Zeit wie ein tonnenschwerer Fels blockiert zu haben scheint – die Meinung seines persönlichen Umfelds, das ihn schon bald draußen wieder erwartet. Im konkreten Fall Mansurs Großvater, der ihm bei Telefonaten in Haft zu verstehen gegeben hat, er würde nicht nur von der Familie auf alle Tage verstoßen, sondern obendrein bis zum Jüngsten Tag in der Hölle schmoren für seine Untaten. Vergebung durch Allah ausgeschlossen. Ähnliches kenne ich auch von einem sechzehnjährigen Mädchen. Auch ihm wird in Haft – abermals vom Großvater – ewige Verdammnis prophezeit, weil es sich aus blinder Liebe zu einem Extremisten auf Drogengeschäfte eingelassen hat, um die Umtriebe ihres Freundes mit dreckigem Geld zu stützen. Die erste Zeit nach dem Telefonat ist sie akut suizidgefährdet.

Doch zurück zu Mansur. An ihm lässt sich formelhaft ablesen, von welcher Bedeutung es ist, ein verqueres, wie einbetoniertes Gottesbild aus den Köpfen Radikalisierter zu stemmen. Solange dieses besteht, wird eine Abkehr vom extremistischen Gedankengut immer zu dem Irrglauben führen, Allah würde sich nun gegen ihn wenden. Den Abtrünnigen.

Bei Muslimen erfolgt die Verbindung zu Gott, insbesondere aber die Bitte um Vergebung – anders als bei Christen – direkt, soll heißen, ohne unmittelbaren Vermittler, ohne Gewährsmann sozusagen. Oder in der Geheimdienstsprache: ohne V-Mann. Die Absolution muss der Muslim direkt bei Gott einholen, und nicht bei einem Pfarrer im Beichtstuhl. Uns Imamen fällt die Aufgabe zu, Menschen auf ihrem Weg der Reue zu begleiten, gleichsam die Rolle eines spirituellen Beraters oder Mediators einzunehmen.

Oft genug helfen mir zwei nur auf den ersten Blick gegensätzliche Geschichten aus der Sunna nach Worten des Propheten Muhammad, diesen Prozess der Erkenntnis in Gang zu setzen, das Bewusstsein der Gefangenen dafür zu schärfen, was richtig und was falsch ist und so einen Neubeginn einzuläuten, den Weg zu ebnen für aufrichtiges Bedauern. Die Botschaft: Bloße Unterlassung von Gutem ist schon der Anfang des Bösen.

»Eine Frau, die betet und fastet und ihrer religiösen Praxis genau nachgeht, sperrt eines Tages ihre Katze ohne Futter und Wasser ein«, gebe ich Mansur die erste Geschichte sinngemäß wieder. »Das Tier stirbt. In ihrem ganzen Leben hat die Frau nichts Böses getan. Nun jedoch zieht Allah sie zur Rechenschaft für diese eine Tat.«

»Und weiter? Die zweite?«

»Ein Mann auf Reisen verspürt unbändigen Durst. Er kommt zu einem Brunnen, klettert hinab, trinkt ausreichend Wasser, klettert wieder empor. Da sieht er einen Hund, der vor Durst feuchten Schlamm aufleckt. Abermals steigt der Mann in den Brunnen, füllt einen Strumpf mit Wasser und gibt dem Hund zu trinken. Der Mann blickt auf ein sehr lasterhaftes Leben zurück. Dennoch schätzt Allah diese eine Tat sehr. Und so vergibt er ihm alle Sünden.«

Mansur scheint zu verstehen, doch er wankt. Also setze ich nach: »Der Prophet sagt, dass Allah, der Mächtige und der Erhabene spricht: ›Wer Gutes tut, wird dafür das Zehnfache erhalten, und ich vermehre es. Wer Böses tut, dessen Vergeltung entspricht seiner bösen Tat oder ich vergebe ihm. Wer reuig zu mir läuft, dem laufe ich entgegen. Wer mit Sünden so groß wie die Erde zu mir kommt, dem werde ich vergeben.‹«

Noch einmal komme ich im Gespräch mit Mansur auf die Geschwister zurück, in deren Namen er die Ungläubigen dieser Welt töten zu müssen geglaubt hat. »Wer sind diese Geschwister?«

»Die Muslime.«

Ich spreche von Adam als gemeinsamem Stammvater von Muslimen, Juden und Christen. »Gut«, sage ich dann. »Und wenn Allah im Koran sagt: ›Wir haben die Kinder Adams mit Würde begabt ...‹«

»Wo sagt er das, Imam?«

»Hier.« Ich blättere die Heilige Schrift vor ihm auf. »Sure 17, Vers 70.«

Fragende Blicke.

»Menschwürde ist unabhängig von Herkunft oder Geschlecht oder Zugehörigkeit zu einer Religion«, sage ich. »Das bedeuten diese Sätze.«

Und irgendwann, nach vielen Gesprächen, nach vielen euphorischen Aufs und ebenso bitteren Abs, längst inmitten des langwierigen, aufreibenden Prozesses der Reue, stellt dann auch Mansur diese entscheidende Frage: *Imam, wie soll ich weiterleben?*

»Lebe ein Leben, das Allah gefällt«, sage ich dann. Bald schon muss ich mir keine Sorgen mehr um Mansur machen. Er ist wie viele andere auch auf einem guten Weg, und er wird, davon bin ich überzeugt, die Botschaft in sein neues Leben draußen als verinnerlicht mitnehmen: gottgefällig leben, reuige Abkehr zeigen vom äußeren, blutigen, als kriegerisch ausgerufenen *dschihad* – und hin zum eigentlichen, ursprünglichen *dschihad*. Dem inneren. Dem gegen die eigenen Triebe.

MAUER DER IGNORANZ.
DIE ARBEIT MIT DEN UNVERBESSERLICHEN.

Gesetzt den Fall, ich stehe auf einer Todesliste ... wenn nun also jemand kommt, um mich zu töten ... würdest du mich etwa nicht beschützen?
Warum sollte ich, wenn er doch recht hat.

Es ist Ramadanfest. Feierlicher Abschluss des religiösen Brauchs des Fastens also, dieses für Muslime so bedeutenden Monats, der auf der ganzen Welt nicht immer zur selben Jahreszeit ausgerufen wird. Rund dreißig Tage der Enthaltsamkeit liegen zurück, des Entbehrens jeglicher Nahrung von Sonnaufgang bis Sonnenuntergang, seien es Speisen, seien es Getränke. Wie üblich verteilen meine Seelsorger-Kollegen und ich kleine Geschenkpäckchen an die Gefangenen, mit etwas Schokolade, einer Gebetskette und einem Ausspruch des Propheten Muhammad, der die Bedeutung des Verzichts zur Geltung bringt:

»Der größte Lohn kommt mit der größten Prüfung. Wenn Gott, der Erhabene, Menschen liebt, setzt er sie diesen Prüfungen aus. Wer sich damit zufrieden gibt, dem wird Gottes Wohlgefallen zuteil.«

Als ich Amr an jenem Feiertag zum ersten Mal begegne, geschieht es auf Bitten eines Wachbeamten. Ein äußerst dringlicher Fall liege vor. Ein Tschetschene, 22 Jahre jung, radikal bis in die Spitzen der letzten Haarwurzel.

Amr tritt mir grau in grau gegenüber. Graues Shirt. Graue Jogginghose. Graue Miene. Tiefgraue Gesinnung. Er ist mittelgroß, schlank, nahezu knöchrig, trägt einen etwas längeren Bart, und sein Haar ist trotz seiner Jugend leidlich schütter.

Gemeinsam mit einem zweiten Seelsorger betrete ich seine Zelle, eines der Päckchen in der Hand. »Wie geht es dir?«, frage ich, reiche ihm das Präsent.

»Wer sind Sie?«

»Wir sind muslimische Seelsorger«, sagt mein Kollege.

»Ich rede nicht mit Ungläubigen.«

»Wie kommst du darauf, wir wären Ungläubige«, frage ich.

»Ihr arbeitet mit dem Staat zusammen.«

»Wie meinst du das?« Mein Kollege nun wieder.

»Ihr habt Ausweise.«

»Ohne Ausweise«, springe ich bei und klopfe mit dem Finger auf das Schildchen an meiner Brust, »kommen wir hier nicht herein. Jeder braucht einen.«

Ungläubige. Mehr hat Amr für uns nicht übrig. Wie es sich dann mit den 570 islamischen Religionslehrern verhalte, will ich wissen, die der österreichische Staat bezahle. Seien sie alle auch ... Ungläubige?

Er überlegt eine Weile, dann ein kurzes Ja.

Was er dann überhaupt hier mache, frage ich ihn mit einem Lächeln. In diesem Land voller Ungläubiger?

Amr lacht zurück: »Ich wollte ja weg. Aber sie lassen mich nicht.«

Die Polizei hat Amr an der Grenze zu Ungarn verhaftet. Der Verdacht, durch zahlreiche Indizien unterlegt: Amr habe sehr offensiv junge Männer für den IS rekrutiert. In Parks. In Shisha-Lokalen. In Cafés. Wo immer.

Als ich ihn bitte, mein Geschenk doch anzunehmen, öffnet er es, zieht die Gebetskette hervor und schleudert sie mir hin.

»Das ist *bid'a*. Erneuerung!«

»Erneuerung?«, fragt mein Kollege.

»Zur Zeit des Propheten gab es keine Gebetsketten.«

Ich merke, wie ich unwillkürlich die Brauen hochziehe. »Also gut. Du hast recht. Aber warum sollten sie jetzt verboten sein, wenn sie helfen, Allah zu preisen? Früher gab es auch keine Flugzeuge nach Mekka. Und auch kein Handy, mit dem du die Himmelsrichtung fürs Gebet bestimmst, auch keine *Adhan*-App, die dich ans Gebet erinnert. Benutzt du das alles auch nicht? Ist das auch *haram*?«

»Es geht nur um die Religion«, sagt Amr ungerührt. »Wer in der Religion erneuert, ist ein Ungläubiger.«

Ob er denn in Moscheen gehe, will ich wissen. Moscheen mit Minaretten.

»Natürlich.«

»Das darfst du nicht. Nach deinen Regeln. Früher haben die Moscheen auch keine Minarette gehabt.«

Verblüffung zieht für den Bruchteil einer Sekunde auf seiner Miene auf. Doch er fängt sich rasch. »Tzzzzz ... labert nur weiter«, faucht er. Dann dreht er sich zur Wand. Das Gespräch ist beendet.

Tage später versuche ich es abermals, diesmal alleine. Ein Wachebeamter schließt die Türe zu seiner Zelle auf. Als Amr mich erblickt, sagt er nur zwei Worte. »Ich verzichte.« Weitere Versuche meinerseits für ein Gespräch erstickt er auf ähnliche Weise im Keim.

Extremisten seines Formats sind sehr schwer zu bekehren. Sie haben die Ideologie auf eine Weise verinnerlicht, sodass jede Zelle gegen Einflüsse von außen immunisiert ist. Oft handelt es sich um Menschen aus niedrigstem sozialen Niveau. Schulabbrecher, seit jeher arbeitslos, eingebettet in ein Umfeld, das ihre Radikalisierung zementiert. Die unbestechlichsten, noch so entlarvenden Argumente prallen an ihnen ab wie von einer Gummiwand. Schwarz. Weiß. Böse. Gut. Mehr Facetten gibt ihre Welt nicht her. Dort, wo sie Anerkennung für ihre Gesinnung erhalten, fühlen sie sich zuhause. Hinter Gittern suchen sie sich ihre *Jünger*, die ihnen blindlings und voller Bewunderung Gefolgschaft leisten. Bei ihnen holen sie sich die Bestätigung, nach der ihnen zumute ist.

Einer, der es wie kaum ein anderer verstanden hat, hinter Gittern Gefolgsleute um sich zu scharen, ist jener Wiener Konvertit, der als »Austro-Dschihadist« in halb Europa und auch darüber hinaus traurige, mediale Berühmtheit erlangt hat – der reihenweise IS-Kämpfer rekrutiert, via Internet zu Terroranschlägen aufgerufen, seinen österreichischen Reisepass öffentlichkeitswirksam verbrannt hat und später, bereits nach Syrien in den Krieg gezogen, auf einem IS-Propagandavideo (die Enthauptung zweier Gefangener) auf YouTube aufgetaucht ist. Auch seine (unliebsame) Bekanntschaft habe ich eines Tages gemacht – diesmal in der *Justizvollzugsanstalt Simmering* im Südosten Wiens, wo ich auf Bitte eines Kollegen beim Festgebet als Imam eingesprungen bin.

Mehr als fünfzig Gefangene erwarteten mich in dem gut gefüllten Gemeinschaftsraum unter dem Dach des Gefangenenhauses (eine eigene Moschee gibt es hier keine). Als ich den Raum betrete, um mich vorzustellen, springt er mir sofort ins Auge. Er sitzt inmitten des mit grauen Decken ausgelegten Raumes, gekleidet im klassischen Taliban-Look, dicht um ihn gruppiert sieben, acht seiner Jünger, sie alle in identem Kleidungsstil: dunkle afghanische Mütze, weiter, weißer Umhang, darüber eine kurze, braune Weste. Und er, daran lässt sein Gehabe nicht den geringsten Zweifel, ist ihr aller Meister.

Ich stelle mich bei den Gefangenen vor, bemerke die ganze Zeit über, dass er mich von Kopf bis Fuß mustert. Kaum habe ich ersten Worte der Begrüßung gesprochen, setzt er sich bereits in Szene, wendet sich zugleich an mich wie an seine Mitgefangenen:

»Warum sind wir überhaupt hier?!«, tönt er stolz erhobenen Hauptes, blickt um Aufmerksamkeit heischend in die Runde. »Der Islam sagt, gefangene Muslime müssen nicht das Festgebet verrichten.«

»Gut«, sage ich. »Dann steh auf und geh.« Mein Blick fällt auf die sechs Justizbeamten, die sich dezent im Hintergrund des weitläufigen Raumes halten.

Er funkelt mich an. »Nein. Ich bleibe. Ich wollte nur, dass alle es wissen.«

Also bleibt er. Danach das gemeinsame Gebet. Ich, als Vorbeter und Imam, zuvorderst, die anderen in meinem Rücken. Genauso, wie es die Tradition des gemeinsamen Betens vorgibt. Erstaunlich, denke ich, dass er hinter mir

betet. Andere Radikale seines Rufs haben das stets kategorisch verweigert.

Nach dem Gebet die Predigt. Eine halbe Stunde hört er
mir zu meinem Erstaunen fast schon andächtig zu, stört
kein einziges Mal. Danach beginne ich, mitgebrachte Geschenke zu verteilen. Koranübersetzungen, allgemeine Bücher über den Islam, Gebetsketten, Gebetsteppiche – und einen von Blinden geflochtenen Korb, prallvoll mit Bonbons.
Rasch geht der Korb mit den Süßigkeiten reihum. Plötzlich schreit eine fordernde Stimme:»Stopp!«

Alle Köpfe fahren herum, die Blicke auf ihn gerich-
tet, den»Austro-Dschihadisten«. Genüsslich wickelt er
ein Bonbon aus, hält das Papier empor und mustert die
winzige Aufschrift. Dann, nach endlos erscheinen-
den fünf, sechs Sekunden, blickt er auf, hebt beschwichtigend die Hand:»Alles okay, ihr könnt weiteressen.
Da ist kein Schwein drinnen.« (*Anm.*: Er meint damit
Schweinegelatine)

Ich blicke ihn an, lache:»Denkst du, ich würde euch
Schwein bringen?« Er lacht zurück, triumphierend, und
seine Jünger lachen mit ihm. Die Anerkennung ist ihm gewiss. Und auch sonst schafft er es, sich bedeutend zu geben
– und zwar so sehr, dass er sogar von Justizmitarbeitern
mit den Aufgaben eines Hausarbeiters betraut wird, somit
also mit vielen Mitinsassen allzu leicht in Kontakt kommt.
Auch heute, Jahre später, erstaunt mich diese (mittlerweile abgeschaffte) Praxis immer noch.

Doch wenden wir uns wieder dem Tschetschenen Amr
zu.»Das geschieht denen völlig recht«, höre ich ihn eines

Tages beim Freitagsgebet in Richtung eines Mitgefangenen höhnen. »Jetzt spüren sie endlich mal, was es heißt, Angst zu haben.«

»Was geschieht denen recht?«, ruft ein junger Türke vom anderen Ende des Raumes zurück. »Was? Meine Frau lebt auch hier! Mein kleiner Sohn lebt hier! Was geschieht denen recht?«

Rasch wird klar, worum es sich dreht. Der Anschlag auf den Weihnachtsmarkt an der Kaiser-Wilhelm-Gedächtniskirche in Berlin mit 11 Todesopfern und 55 teils Schwerstverletzten liegt erst wenige Wochen zurück. Augenblicklich ist die Stimmung hochexplosiv. Amr hat einen tschetschenischen Landsmann zur Seite, sein Kontrahent drei der Seinen. Erst das Eintreten der rasch von mir herbeigerufenen Wachebeamten kühlt die Lage auf ein verträgliches Maß herab.

Provokation pur also.

Ein andermal gehen mehrere Häftlinge in der Moschee beinahe auf einen jungen Tschetschenen los, als der – während ich über das Siegel des Propheten spreche – den Arm in die Höhe reißt, ihn entblößt und ruft: »Ich bin auch ein Prophet!«

Augenblicklich springen mehrere Gefangene auf, gehen auf ihn los und wollen ihn attackieren. Reflexartig werfe ich die Türe nach draußen auf, schreie um Hilfe und stelle mich dann schützend zwischen den Tschetschenen und seine Widersacher. Die Beamten führen den Mann nach draußen.

»Wie kommst du darauf, dass du ein Prophet bist?«, frage ich, nachdem ich ihn einigermaßen beruhigt habe.

»Mein Zellennachbar hat es mir gesagt.«

141

Ich führe das Gebet ohne ihn weiter, gehe danach in mein Büro. Dort werfe den Computer an und sehe, dass er gar keinen Zellengenossen hat. Er sitzt in Einzelhaft.

Wie schlecht es um die Fähigkeit zur Reflexion mancher Insassen, um ihre Leichtgläubigkeit und vor allem auch Beeinflussbarkeit durch radikale Mitinsassen wie einen Amr bestellt ist, zeigt auch dieser Vorfall, desgleichen beim Freitagsgebet: Die Gesprächsrunde dreht sich darum, wie anti-islamisch die kriegerischen Verbrechen des IS sind. Bis eine Zwischenfrage in eine völlig andere Richtung abgleitet.

»Stimmt es, dass der Prophet Yusuf hier gelebt hat, Ramazan Hodscha?« (*Anm.: Hodscha* steht für *Imam*)

»Prophet Yusuf? Wie kommst du auf die Idee?«

»Sie haben das gesagt.«

»Ich?«

Der Häftling blickt über die linke Schulter. Anerkennendes Nicken. Er blickt über die rechte Schulter. Anerkennendes Nicken auch dort. »Ja, beim letzten Freitagsgebet.«

Ich grüble einen Moment, dann schießt mir ein, was er gemeint haben muss. Den Vergleich, den ich angestellt habe zu dem Propheten Yusuf, demselben Yusuf wie Jakobs Sohn Josef im Alten Testament. Dass sie sich in Geduld üben sollten. Dass auch Yusuf dereinst im Gefängnis gesessen sei, genau wie sie hier im Gefängnis in der ... *Josefstadt*. Er wird doch nicht glauben, Yusuf, also Josef, wäre namensstiftend gewesen für ...

»Yusuf«, doppelt der Gefangene ebenda nach. »Und wir sind hier in der Josefstadt.«

Ich kann nicht verhindern, in einen Lachkrampf zu verfallen, der minutenlang anhält. Später allerdings wird mir gewahr, welches Gespenst hinter den Mauern der Justizanstalt Josefstadt umgeht. Also mache ich mich am darauffolgenden Montag auf, um alle Zellen mit muslimischen Häftlingen abzuklappern und für Klarheit zu sorgen. Eine Zelle nach der anderen. Es erweist sich, dass die Stille Post ihre Dienste geleistet, dass die eine Hälfte der mehr als 300 Insassen mich mittlerweile für verrückt erklärt hat, so etwas zu behaupten.

Die andere Hälfte jedoch ...

Indes, das Lachen vergeht mir blitzartig, als ich eines Tages einen – letztmaligen – Versuch starte, mit dem Extremisten Amr in einen konstruktiven Dialog zu treten. Zu meinem Erstaunen weist er mich diesmal nicht schon beim Betreten seiner Zelle ab.

»Wie geht es dir?«, frage ich.

Eine Zeitlang sieht er mich schweigend an, dann: »Ihr Imame seid die größte Gefahr von allen. Ihr seid die Pest.«

Seine Worte lassen mich schaudern, rufen mir in der Sekunde die weltweiten Aufrufe des IS ins Gedächtnis, Imamen, wie ich einer bin, diesen erklärten Todfeinden des IS, den Kopf abzuschneiden, sie bei erstbester Gelegenheit aus dem Weg zu räumen. Wie auch die Drohungen, die es bereits gegen mich persönlich gegeben hat. Wie ein schwerer, dunkler Vorhang legt Amrs herablassendes Lächeln sich über mich. Herzrasen erfasst mich. Und ich überlege, was wohl geschehen mag, wenn einer wie er eines Tages wieder die Luft der Freiheit atmet und auf die Gesellschaft losgelassen wird. Wie dringlich die Nachbetreuung solcher Insassen wäre. Und wie wenig bis gar nichts tatsächlich geschieht. Dennoch möchte ich die Gelegenheit nicht leichtfertig sausenlassen. Und tatsächlich bleiben wir im Gespräch, zwischen Tür und Angel zwar, aber immerhin. Wir wechseln Worte, die mich bestärken, die mir einen Hauch Zuversicht einimpfen, dass auch bei ihm nicht alles verloren sein muss. Wir sprechen über Gesellschaft, Verantwortung, und zum Schluss sogar über Nächstenliebe und Barmherzigkeit.

Bis zu diesem einen Moment, der alles wieder zurechtrückt, der mir das Gefühl gibt, mich in seinem radikalen Fangnetz verheddert zu haben. »Gesetzt den Fall, ich stehe auf einer Todesliste«, sage ich. »Wenn nun also jemand kommt, um mich zu töten ... würdest du mich etwa nicht beschützen?«

Amr mustert mich Kopf bis Fuß, lächelt spöttisch: »Warum sollte ich, wenn er doch recht hat.«

DIE ZWANZIG KLASSISCHEN
IRRTÜMER DER EXTREMISTEN

Zigtausende Menschen haben diese Irrtümer das Leben gekostet – und noch viele mehr ins Unglück gestürzt. Dabei klingen sie wie billige Parolen aus drittklassigen Low-Budget-Filmen, die Kinosäle leerfegen, tatsächlich jedoch erweisen sie sich oft als massentaugliche Blockbuster, Sätze wie: *Europa ist unser Feind. Sklaverei ist erlaubt. Die Frau ist mein Untertan. Demokratie ist Teufelswerk.*

Des Tragische: Jedes Wort ist ernstgemeint, jedes Wort dient als Dogma, wird Gesetz zum Zweck der Gehirnwäsche – und oft genug erreichen die Worte auch ihr Ziel, sind nur die Umstände ausreichend gesondert, sodass der missbrauchte Koran zum Grundnahrungsmittel dieser radikalen Glaubenssätze gereicht wird. Dass einzelne Passagen der Heiligen Schrift entnommen, gekürzt, verzerrt und beliebig ihrem zumeist sehr engen, historischen Kontext entrissen werden, tut in den Augen von extremistischen Möchtegern-Supermuslimen nichts zur Sache, wird im Gegenteil zum Konzept und Allheilmittel gegen Zweifler und Kritiker erkoren. Ich habe daher jene irrgeleiteten Anschauungen, die mir bei meiner Arbeit als Gefängnis-Imam am häufigsten (und am vehementesten vertreten) begegnet sind, zu den *zwanzig klassischen Irrtümern der Extremisten* zusammengefasst – ein jeder wie eine Stahlstrebe des ideologisch-fundamentalistischen Gerüsts:

Irrtum 1: »Der Islam ist Gewalt.«

As-salāmu ‹alaikum / (oder verkürzt und gebräuchlicher) *Salāmu alaikum* – der Frieden auf euch / Friede sei mit dir/euch. Wer kennt diese Spruchformel nicht? Für Muslime ist sie indes bedeutend mehr als eine Formel, bedeutend mehr als eine ritualisierte Floskel. Sie ist Teil eines Konzepts von der Lebensführung. Umso höhnischer mag da erscheinen, dass auch Extremisten sich desselben Friedensgrußes bedienen – wo sie doch das rechte Gegenteil zu den Menschen tragen.

Die Hingabe zu Gott ist das eine große Bedeutungsfeld, das jeder Muslim nicht aus den Augen verlieren sollte – womit die bewusste Anerkennung eines einzigen Schöpfers gemeint ist. *Salam* die andere – also Frieden machen, sowohl mit sich selbst also auch mit der Umgebung. Und so bezeichnet Allah sich selbst im Koran auch als *As-Salām* – Der Friede.

Der Vorwurf, der Koran würde Gewalt nicht nur billigen oder begünstigen, sondern regelrecht dazu aufrufen, ist gleichermaßen weitverbreitet wie altbekannt. Gerne wird dann die Sure 9, Vers 5, herangezogen. Auch Extremisten berufen sich darauf. Darin heißt es: »*Wenn nun die Schutzmonate abgelaufen sind, dann tötet die Götzendiener, wo immer ihr sie findet, ergreift sie, belagert sie und lauert ihnen aus jedem Hinterhalt auf!*«

Schon die unmittelbar nachfolgenden Worte desselben Verses werden in Täuschungsabsicht wohlweislich weggelassen: »*Wenn sie aber bereuen, das Gebet verrichten und die soziale Abgabe entrichten, dann lasst sie ihres*

Weges ziehen! Gewiss, Allah ist Allvergebend und Barmherzig.«

Und erst recht verschwiegen wird der darauffolgende Vers 6: »*Und wenn jemand von den Götzendienern dich um Schutz bittet, dann gewährte ihm Schutz, bis er das Wort Allahs hört. Hierauf lasse ihn den Ort erreichen, wo er in Sicherheit ist. Dies, weil sie Leute sind, die nicht Bescheid wissen.*«

Desgleichen Vers 7: »*Wie sollte es denn für die Götzendiener bei Allah und bei Seinem Gesandten einen Vertrag geben, außer (für) diejenigen, mit denen ihr bei der geschützten Gebetsstätte einen Vertrag abgeschlossen habt? Solange sie sich euch gegenüber recht verhalten, verhaltet (auch) ihr euch ihnen gegenüber recht. Gewiss, Allah liebt die Gottesfürchtigen.*«

Und – von größter Wichtigkeit – der sehr konkrete historische Bezug: Extremistische Führer und Verführer lassen diesen *Offenbarungsanlass* nur allzu bereitwillig unter den Tisch fallen, um die Gräueltaten ihrer Tötungsmaschinerie auf feste, durch den Koran heute noch abgesicherte Beine zu stellen.

Gewalt wird gegen alles und jeden angewendet – beispielsweise auch gegen die Jesiden, eine religiöse Minderheit, die heute großteils im Norden des Irak lebt und erst vor drei Jahren durch das bestialische Vorgehen des IS schlimmen Verfolgungen und Massakern ausgesetzt war. Eine wahrhafte Schreckensbilanz: 5.000 ältere und jüngere Männer ermordet, 7.000 Frauen und Kinder entführt, 400.000 Menschen aus ihrer Heimat vertrieben. Trotzdem noch einmal zur Erinnerung: Der IS-Terror mit all seinen Bestialitäten hat sich bis heute zu mehr als neunzig Prozent gegen Angehörige der eigenen Glaubensrichtung gewendet – also gegen Muslime.

Noch einmal die Sure 9, diesmal Vers 29: »*Kämpft gegen diejenigen, die nicht an Allah und nicht an den Jüngsten Tag glauben und nicht verbieten, was Allah und Sein Gesandter verboten haben, und nicht die Religion der Wahrheit befolgen – von denjenigen, denen die Schrift gegeben wurde –, bis sie den Tribut aus der Hand entrichten und gefügig sind!*«

Gemeint ist hier eine Steuer, die man damals eingehoben hat – also im ersten Jahrhundert muslimischer Zeitrechnung, was dem siebten christlicher entspricht. Andersgläubige konnten sich damit von der (nur für Muslime geltenden) allgemeinen Wehrpflicht freikaufen. Eine »allgemeine muslimische Wehrpflicht« gibt es heute nicht – allein deshalb hinkt jeder aktuelle Bezug, was Fundamentalisten allerdings nicht daran hindert, ihn herzustellen.

Ähnliches geschieht mit Sure 33, worin auf die so genannte Grabenschlacht mit den Banu Quraiza, einem jüdischen Stamm, Bezug genommen wird. Es handelt sich dabei um eine sehr bestimmte und kleine Gruppierung von Juden, die erst an der Seite Muhammads gestanden sind, dann jedoch Hochverrat begangen und gegen ihn gekämpft haben und deshalb (laut einigen Überlieferungen) bestraft wurden. Heutige Extremisten übertragen diesen Einzelfall fälschlicherweise auf alle Juden, der Umstand, dass Muhammad mit der Mehrheit der Juden friedlich zusammengelebt hat, wird dabei verschwiegen.

Kommt bei Gesprächen mit den Gefangenen das Thema *Islam und Gewalt* aufs Tapet, vernehme ich also Stehsätze wie:»Allah sagt, wir müssen die Ungläubigen töten«, oder auch:»Allah liebt die mutigen Selbstmordattentäter«, so antworte ich mit tatsächlichen Zitaten aus dem Koran, beispielsweise:»*Gott gebietet, gerecht zu handeln, uneigennützig Gutes zu tun und freigiebig gegenüber Nächsten zu sein. Er untersagt das Schändliche, das Verwerfliche und die Gewalttat.*« (16:90)

Gerne setze ich auch folgende Passage entgegen:»*Seid friedlich miteinander, und folgt nicht den Machenschaften des Teufels, denn er ist euer offenkundiger Feind!*« (2:208) Oder ich ziehe die Sure 5, Vers 32 heran mit dem Hinweis, sowohl das Töten anderer Menschen als auch Selbstmord stellten eine schwere Sünde dar:»*Wer ein menschliches Wesen tötet, so ist es, als ob er alle menschlichen Wesen getötet hätte. Und wer es am Leben erhält, so ist es, als ob er die Menschheit gerettet hätte.*«

Ursprünglich heißt es im Koran:»*Wer ein menschliches Wesen tötet, ohne (dass es) einen Mord (begangen) oder auf der Erde Unheil gestiftet (hat), so ist es, als ob er alle Menschen getötet hätte. Und wer es am Leben erhält, so ist es, als ob er alle Menschen am Leben erhält* ...« Dass ich diese Sure den Gefangenen nicht sofort im Original vorbringe, hat einen einfachen, doch sehr triftigen Grund: Vor 1400 Jahren ist die Vergeltung eines Mordes durch die Todesstrafe gang und gäbe (ein Phänomen, das uns auch heute beispielsweise aus den USA und China nicht unbekannt ist), doch lässt sich aus dem Koran eindeutig ableiten, dass Verzeihen immer besser als Vergeltung ist. Daran ist zu erkennen, dass die Scharia (mehr dazu unter Irrtum 9) ein dynamischer Prozess ist und nicht in Stein gemeißelt.

Wir kennen die gekürzte Version dieses Zitats bereits aus Kapitel 5, wo ich Mansur als gelungenes Beispiel einer De-Radikalisierung vorgestellt habe. Eine Sure aber auch, deren Anwendung oftmals öffentlich angeprangert wird, weil sie tatsächlich im Koran steht, was sowohl von IS-Anhängern als auch von Andersgläubigen betont wird. Natürlich steht diese Sure im Koran, aber jeder Gelehrte hat die Pflicht, diese besondere Stelle (wie auch den übrigen Koran) immer im richtigen Kontext zu sehen. Der Vorwurf, man würde Teile dieser Passagen verheimlichen und den Islam schönreden wollen, geht somit ins Leere. Bei allen anderen Versen, die aus Sicht der Öffentlichkeit als heikel empfunden werden, verhält es sich genauso. Immer im historischen Zusammenhang sehen.

Nichts sorgt bei Unkundigen für mehr Verwirrung, wie wenn man einander aus völlig konträren Blickwinkeln mit Zitaten bewirft, und gerade beim Thema *Islam und Gewalt* macht sich das Fehlen einer obersten Deutungsinstanz bemerkbar – wiewohl Einigkeit unter fast allen Gelehrten darüber herrscht, dass die gewaltverherrlichende Auslegung des Koran die Meinung einer verschwindend geringen Minderheit von Muslimen widerspiegle.

Auch Papst Franziskus hat dazu vor etwas mehr als einem Jahr (1.8. 2016) sehr deutliche Worte gefunden:»Mir gefällt es nicht, von islamischer Gewalt zu sprechen, denn ich sehe Gewalt jeden Morgen, wenn ich die Zeitung aufschlage, hier in Italien.« Wer bei Gewalt den Blick auf die Religion richte, müsse »bei Gewalt in Italien katholische Gewalt sagen«. Und weiter: »In jeder Religion gibt es eine kleine fundamentalistische Gruppe, wir haben auch eine. Und wenn dann der Fundamentalismus gewalttätig wird, dann ist es nicht mehr gerecht, Islam mit Gewalt zu identifizieren ... Der Islamische Staat ist so eine fundamentalistische Gruppe, aber es ist nicht wahr und nicht gerecht, zu sagen, dass der Islam terroristisch sei.«

Ein Sprichwort besagt, der Fisch fange am Kopf zu stinken an. Als selbst ernannter Kalif ist Abu Bakr al-Baghdadi der Kopf dieses Fisches. Seit Juni 2014 steht er an der Spitze des *Islamischen Staates*. Seither strömt sein theologisches Gift ungefiltert in alle Welt zu seinen Anhängern. Baghdadi gibt sich besonders koran-affin, stützt seine Aufrufe zu maßloser Gewalt jedoch auf krude Auslegungen der Heiligen Schrift. Auf den Tag genau drei Monate nach der Proklamation des IS haben 126 Gelehrte der gesamten islamischen Welt einen offenen Brief verfasst, worin sie sich seiner 25 wichtigsten Positionen annehmen, diese nach allen Regeln der Kunst wider- und auch zerlegen – und somit Baghdadi auf fachlicher Basis ein für alle Mal als theologischen Dilettanten entlarvt haben. Höchste Zeit, dass auch diese Botschaft von der Spitze der Pyramide zum Fundament durchsickert.

PS: Selbst in Sachen Karikaturenstreit, jene brandheiße Thematik also, die erstmals mit der Muhammad-Zeichnung des dänischen Karikaturisten Kurt Westergaard für weltweiten Aufruhr sorgte und Jahre später in die Tragödie rund um Charlie Hebdo mündete. Selbst dafür findet der Koran unmissverständliche Worte, die eine blindwütige Anwendung von Gewalt ablehnen und als klares Bekenntnis an die Meinungsfreiheit zu lesen sind: *»Und wenn du jene siehst, welche über Unsere Botschaft spöttisch reden, dann kehre dich von ihnen ab, bis sie ein anderes Gespräch beginnen.«* (6:68)

Irrtum 2: »Keine Barmherzigkeit gegenüber Andersdenkenden.«

»Kannst du wiederholen, was du soeben gesagt hast?«

»Die Messer müssen zum Einsatz kommen.«

»Wie bitte? Ich kann dich kaum hören.«

»DIE MESSER MÜSSEN ZUM EINSATZ KOMMEN!«

Moustafa ist marokkanischer Abstammung, zwanzig Jahre jung, angetreten zu unserem ersten Gespräch in T-Shirt mit arabischem Aufdruck, einer Baseballkappe (den Schirm im Nacken) und betont weiten Hosen, dem so typischen Schlabberlook. Die Art, wie er sich ständig über seinen feinsäuberlich gestutzten Bart fährt, erscheint mir als Attitüde. Auch verfügt er über einen kräftigen, trainierten Oberkörper, den er in Szene zu setzen weiß. Und Moustafa wirkt auch sonst recht vollgepumpt – allem voran mit aufwieglerischem Stolz und Trotz.

»Wie meinst du das?«

»Wir müssen die Ungläubigen töten!«

Es sind Sätze wie diese, die Moustafa im Beisein seiner Mithäftlinge in der Justizanstalt Josefstadt unablässig von sich gibt. Und als sie eines Tages auch zu Wachebeamten dringen, bittet einer ihrer Kommandanten dringend, ich möge mich seiner annehmen, weil er zunehmend Unruhe unter die Gefangenen bringe.

»Hast du kein Mitgefühl?«, frage ich. »Kennst du keine Barmherzigkeit?«

»Sie verdienen keine Barmherzigkeit.«

»Und deine Freunde? Verdienen die denn auch keine Barmherzigkeit?«

»Ich habe nur Freunde, die gläubig sind wie ich.«

Moustafa, so viel ist nach unseren insgesamt drei Begegnungen klar, zählt zu den weniger hoffnungsvollen Fällen. Extremisten seines Schlags sind Unverbesserliche. Für Gleichgesinnte empfinden sie pure Empathie, weinen mit ihnen, für andere Menschen in vergleichbaren Situationen (selbst engste Familienangehörige) hingegen empfinden sie rein gar nichts. Sie kennen keine Sprache der Sanftmut, der Milde und Güte, wie sie der Prophet den Menschen ans Herz legt: »Ihr werdet das Paradies nicht betreten, ehe ihr nicht barmherzig handelt.«

»Aber wir sind doch barmherzig«, antwortet einer von Muhammads Gefährten.

»Es ist nicht nur die Barmherzigkeit unter euresgleichen, sondern die Barmherzigkeit gegenüber allen Menschen.«

Großmütigkeit und Barmherzigkeit sind im Koran von zentraler Bedeutung: »*Die wahren Diener des Barmherzigen*«, heißt es, »*sind diejenigen, die bescheiden auf der Erde umhergehen, und wenn die Toren (törichten Leute) sie unbotmäßig ansprechen, sagen sie: ›Friede sei mit euch!‹*« (25:63)

Irrtum 3: »Unser Ziel ist die Weltherrschaft!«

Ich erinnere mich noch zu gut an jenen Mittag in der Justizanstalt Josefstadt: Es ist das Ende meiner Predigt beim Freitagsgebet. Der letzte Satz wurde soeben gesprochen, als mit einem Mal befremdliche Worte an mein Ohr dringen. Etwas, das nach Fahne und hissen klingt. Ich wende mich einer der kleinen Gesprächsgruppen zu, die sich gebildet haben, und habe auch sofort einen Gefangenen als Urheber ausgemacht.

»Flagge?«, frage ich. »Welche Flagge?«

»Du weißt genau, welche ich meine.« Hämisches Grinsen begleitet die Worte des Häftlings.

Er meint die schwarze IS-Flagge. Was denn sonst. Sie dient als Symbol eines verbrecherischen Regimes, das nur ein Endziel kennt: Weltherrschaft. Ich weiß bis heute nicht, was ihn dazu veranlasst hat, in meinem Beisein damit anzufangen, doch Zellennachbarn erklären mir später, es habe wohl mit meiner Art der Koranauslegung zu tun gehabt, die seinen extremistischen Ansichten so ganz und gar entgegenstünde.

Ich erwähne diesen alles in allem harmlosen Vorfall hier nur, weil er doch so symptomatisch für die Gesinnung von Fundamentalisten steht. *Weltherrschaft.* Genau darum geht es. Und nicht um einen Expressfahrschein ins Paradies, wie er IS-Kämpfern und Selbstmordattentätern versprochen wird.

Der Koran findet auch dafür klare Worte: » *... so gebt volles Maß und Gewicht und schmälert den Menschen nicht ihre Sachen und stiftet auf der Erde nicht Unheil, nachdem*

*sie in Ordnung gebracht worden ist. Das ist besser für euch,
wenn ihr gläubig seid.*« (7:85)

Auch die Aufforderung, Frieden zu stiften, ergeht unmissverständlich, da Gott sagt: »*Und machet Allah nicht
durch eure Schwüre zum Hindernis: dass ihr euch des Guttuns und Rechthandelns und des Friedenstiftens unter den
Menschen enthaltet. Und Allah ist allhörend, allwissend.*«
(2:224)

Ein vernünftiges Mittelmaß im Leben pflegen, nicht
übertreiben, nicht Hass noch Neid noch Missgunst schüren. Verhaltensweisen, die jedem zivilisierten Menschen
als selbstverständlich erscheinen müssen. Der Prophet
Muhammad nennt es, wie in der Sunna dargelegt ist: *den
Weg der Mitte gehen.* Dieser Weg ist den Supermuslimen
fremd, denn sie fliegen lieber.

Irrtum 4: »Dschihad bedeutet Heiliger Krieg.«

Dschihad. Auch einer dieser Begriffe rund um den Islam, die sich längst zu weltumspannenden Sprachungetümen verselbständigt haben und als Synonym für blutigen
Terror und Schrecken im Sinne eines »Heiligen Krieges«
stehen.

Heilig ist daran gar nichts, nur unheilig. Denn sprachgeschichtlicher Ursprung ist das Wort *dschahada*, was so
viel bedeutet wie: sich anstrengen; sich bemühen; Widerstände überwinden – sie auf spiritueller Ebene bekämpfen. Insbesondere innere Widerstände. Schon der Prophet
hat dazu klar Stellung bezogen: »Sich für Witwen, Waisen
und Bedürfte einsetzen, das ist *dschihad*.«

Gemeint ist in erster Linie die Überwindung des eigenen Egos, eine gottergebene, Allah gefällige Lebensweise anzunehmen, die sich darin äußert, Gutes zu fördern und Böses zu unterdrücken. Und so begreifen und predigen islamische Gelehrte seit jeher den Dschihad auch in diesem Sinne – und nicht als Ruf zu den Waffen.

Es gibt mehrere Definitionen des Begriffs, den

- Dschihad des Herzens (*dschihad bi l-qalb*) – also den bereits erwähnten inneren, spirituellen Kampf, um sich moralisch zu stärken, den
- Dschihad der Worte (*dschihad bi l-lisan*) – womit das Bemühen gemeint ist, immer nur die Wahrheit zu sprechen (auch im Fall von Unterdrückung etwa durch einen ungerechten Machthaber) wie auch die friedfertige Verbreitung der Botschaft Gottes, und den
- Dschihad als Selbstverteidigungs-Komponente – wobei da ursprünglich immer nur ein Kampf für den Fall eines Angriffs von außen gemeint ist, Kriege, wie sie von Al-Qaida oder IS geführt werden, werden durch den Islam keinesfalls legitimiert.

Übrigens: Krieg heißt auf Arabisch nicht *dschihad*, sondern *harb* oder *kital* und wird im Koran immer negativ dargestellt. Erlaubt ist allein die Verteidigung – etwas, das auch bei anderen Weltreligionen als selbstverständlich anerkannt ist.

Irrtum 5: »Allah ist allein unser Gott.«

Burim ist 26 Jahre alt. Er ist albanisch-stämmig – und auch sonst recht stämmig. Von eher kleingewachsener Statur, mit einem leicht gedrungenen Leib, und als besonderes Merkmal trägt er breitflächig über die eine Gesichtshälfte eine Brandnarbe, über deren Herkunft er sich allerdings beharrlich ausschweigt.

Burim sitzt wegen diverser Drogendelikte in der Haftanstalt Josefstadt ein. An ihm ist gut abzulesen, was neu geschöpftes Vertrauen und Zuversicht bewirken können. Er ist mit der Zeit ruhig und ausgeglichen geworden, und er scheint mir auch recht gefestigt zu sein in seinen Ansichten, was die Ablehnung fundamentalistischen Gedankenguts betrifft. So sind unsere Treffen zumeist auch rein spiritueller Natur. Eines Tages jedoch ist Burim verändert, unablässig schwingt sein Ton zwischen Ruhe und Dringlichkeit, und auch die Bewegungen seiner Hände sind die meiste Zeit fahrig. Dennoch spricht er von seinen üblichen Themen, vom Gebet, vom Glauben allgemein. Burims Unsicherheit steht aber auf eine Weise greifbar im Raum, als hätte sie sich materialisiert. Es knistert geradezu, und so fordere ich ihn unverblümt auf, mit der Sprache herauszurücken.

Burim sieht mich überrascht an, zaudert, fragt zögerlich, was ich meine. Ich sehe ihn schweigend an. »Dieser Akram«, presst er endlich hervor

Akram?, überlege ich. Aber ja, der Syrer. »Was ist mit ihm?«

Burim erzählt von einem heftigen Streitgespräch beim Frühstück, das beinahe in Handgreiflichkeiten ausgeartet sei, nachdem er, Burim, es gewagt habe, die Untaten radikaler Muslime aufs Heftigste anzuprangern. Anlass seien die erst kurz zurückliegenden Anschläge auf den Brüsseler Flughafen gewesen. Nicht dass er von seiner Ansicht würde abfallen wollen, nein, nein. Verunsichert habe ihn vielmehr, was Akram so nebenher abgesondert habe. »Er hat gemeint, Allah würde mich bestrafen, wenn ich nicht so intensiv zu ihm bete wie er. Und er hat gesagt, Allah ist unser Gott. Allein unser Gott.«

Der Gedanke, Allah könnte auch der Gott anderer Religionen sein, hat also bereits in ihm geschlummert, doch die Selbstsicherheit Akrams, die genau das in Abrede stellt, hat ihn dann doch vom Gleis gehoben. Ich beruhige Burim, bestätige ihn in seiner ursprünglichen Annahme, erzähle von Abraham, dem gemeinsamen Urvater der drei Weltreligionen Islam, Judentum und Christentum.

Dennoch gibt er sich nicht zufrieden. Wie könne es sein, dass diese Mörder Andersgläubige, die doch in Wahrheit denselben Gott hätten, als Ungläubige verfluchen und abschlachten? Und wie, dass sie nicht nur den Islam, sondern seinen, diesen für alle monotheistischen Religionen gleichen Gott verunglimpfen, indem sie Allahu Akbar, Gott ist der Größte, brüllen, ehe sie sich in die Luft sprengen oder in Menschenmengen schießen? Allahu Akbar sei doch für jeden Muslim ein alltäglicher, gängiger Ruf, der für Ehrfurcht und Friede stehe, der – je nach Tonfall – allergrößte Gläubigkeit, aber auch Freude oder Bestürzung zum Ausdruck bringe und obendrein der Ruf des Muezzins sei, wenn er zum Gebet ruft?

Ja, wie kann das sein?

Irrtum 6: Islam und andere Religionen – Gemeinsames wird verworfen, nur die Unterschiede zählen

Allah. Jahwe. Gott. Drei Bezeichnungen für ein und denselben, gemeinsamen Gott von Muslimen, Juden und Christen. Dient nicht das allein als stärkster Beleg für die Unsinnigkeit dieses Irrglaubens, den Extremisten propagieren im Bemühen, das Trennende vor das Gemeinsame zu stellen? Die Einheit Gottes ist aber nur eine aus einer Vielzahl von Parallelen. Das Staunen bei Muslimen wie Andersgläubigen ist bisweilen grenzenlos, bekommen sie eine Auswahl der Gemeinsamkeiten präsentiert. Moschee-Führungen oder Vorträge sind da wichtige Möglichkeiten, die ich nur allzu gerne nutze.

Alle drei sind monotheistische Buch- beziehungsweise Schriftreligionen, alle drei beziehen sich auf eine Heilige Schrift. Der Islam auf den Koran, das Christentum auf die Bibel, und das Judentum auf die Thora. Muslime sind überzeugt, dass der Koran – als von allen dreien zuletzt hinabgesandte Botschaft – die beiden vorangegangenen ablöst (Näheres dazu im Glossar am Ende dieses Buches).

Uneingeschränkte Übereinstimmung herrscht wiederum zwischen Islam und Christentum im Glauben an Propheten. Adam wird im Koran als erster von 25 angeführt, Muhammad als letzter (und daher für uns Muslime bedeutendster). Prophet Mūsā beispielsweise (also Moses) hat Dank Allahs Hilfe das Rote Meer in zwei Hälften geteilt. Nicht nur die Bibel hat dieses Ereignis niedergeschrieben, heißt es doch im Koran dazu: *»Da gaben Wir Mūsā ein: ›Schlag mit deinem Stock auf das Meer.‹ So spaltete es*

sich, und jeder Teil war wie ein gewaltiger Berg.« (26:63) –
Das Alte Testament wiederum besagt:»*Da nun Mose seine
Hand reckte über das Meer, ließ es der HERR hinwegfahren
durch einen starken Ostwind die ganze Nacht und machte das Meer trocken; und die Wasser teilten sich voneinander.*« (2. Mose 14/21)

Islam wie Christentum sehen in Gott den Schöpfer von
Himmel und Erde wie auch des Menschen, beiderseits
herrscht der Glaube an die Auferstehung, an Himmel und
Hölle, an das Jüngste Gericht. Auch Maria nimmt da wie
dort eine besondere Stellung ein – im Christentum als
Jungfrau Maria und kraft der unbefleckten Empfängnis
Mutter Jesu Christi, im Koran als Maryam, wo ihr ein ganzes Kapitel gewidmet ist. Sie gilt gemäß islamischer Überlieferung als eine der edelsten Frauen, die je gelebt hat.
Gott hat sie vor allen Frauen ausgezeichnet:»*O Maria, sie-
he, Gott hat dich auserwählt und hat dich gereinigt und hat
dich erwählt vor allen Frauen der Welt.*« (3:42)

Alle drei Religionen bauen auf ethisch-moralischen
Grundsätzen auf wie jenem, Gutes zu tun und Böses zu unterlassen. Alle drei sehen die menschliche Existenz zwei-
geteilt – in eine vergängliche, diesseitige auf Erden und
eine unvergängliche, jenseitige. Der Prophet Muhammad
berichtet etwa zu Tod und Jüngstem Tag:»Kein Mensch
wird sich von seiner Stelle bewegen am Jüngsten Tag, bis
er gefragt wird nach seinem Leben, wie er es verbrachte? /
Nach seinem Wissen, was er damit machte? / Nach seinem
Vermögen, wie er es erwarb und ausgab? / Und nach seinem Körper, wie er ihn abnutzte?«

Und: Alle drei kennen den Glauben an Engel. Erzengel Gabriel beispielsweise taucht in der Bibel als Bote Gottes und Erklärer von Visionen auf, desgleichen im Judentum. Im Islam wiederum tritt Gabriel namentlich als *Dschribīl* in Erscheinung, als Übermittler der Hinabsendung an den Propheten Muhammad. Drei Verse (2:97, 98 sowie 66:4) erwähnen ihn explizit.

Irrtum 7: »Alle, die nicht so glauben wie wir, sind Ungläubige.«

Kaum eine Gefangenen-Seele unter den hunderten, in die zu blicken mir bisher möglich gewesen ist, hat sich hoffnungsloser mit IS-Ideologie vergiftet als jene Ahmeds. Ahmed ist 27 Jahre alt, als ich ihn zum ersten Mal treffe. Ein durchaus intelligenter, redegewandter, gebildeter, aber auch recht eingebildeter Mann tschetschenischer Herkunft, aus dem Kaukasus, um genau zu sein.

Auch hinter Gittern spinnt Ahmed seine extremistischen Fäden auf fast schon furiose Weise fort, wie mir immer wieder zu Ohren kommt, sodass ich ihn eines Tages zu einem Gespräch bitte in der felsenfesten Annahme, er würde mir einen Korb geben. Weit gefehlt. Ahmed lehnt nicht nur nicht ab, er lächelt entgegenkommend und erhebt sich, als ich die Zelle betrete. Wie er da so vor mir steht, strahlt er großen Stolz aus – nicht zuletzt aufgrund des Kleidungsstücks, das er trägt – eines, das der eine oder andere Ägyptenurlauber bestimmt kennt. Auf touristischen Trampelpfaden zuletzt immer seltener anzutreffen, prägt dieses wallende, bodenlange Männergewand mit Brustschlitz, weiten Ärmeln und weitem Rock das Straßenbild ländlicher Regionen nach wie vor: der Dschallabija.

Ahmed schwebt in seinem Dschallabija geradezu neben mir her und auf den Besprechungsraum zu – in der traditionellen, auf jeden neumodischen Schnickschnack verzichtenden Ausführung: kragenlos, die Ärmel ohne Manschetten und auch keine Brusttasche. Die Farbe ist ebenfalls sehr klassisch: ein kräftiges Erika, ganz der Kühle und späten Jahreszeit angepasst. Ahmed trägt den Kopf hocherhoben, und er macht von der ersten Sekunde an klar, warum er mitgegangen ist. Einer wie ich, sagen Mimik und Gestik, ein mit dem *System des Westens kollaborierender Imam*, sei mit dem, was man landläufig Verstand nennt, nicht gesegnet, sondern geschlagen.

Die ersten zwanzig Minuten plätschern dahin – belangloser Smalltalk, den ich Ihnen ersparen will. Dann geht es langsam zur Sache, und ich gebe mich keinerlei Illusionen einer möglichen Einsicht bei Ahmed hin, dennoch will ich einiges von ihm wissen. Wie etwa: »Warum lebst du in einer Welt aus Schwarz und Weiß? Warum teilst du sie in Ungläubige und Gläubige?«

»Jeder Mensch, der nicht so glaubt wie wir, ist ungläubig. Ein *kāfir*.«

»Sie sind Andersgläubige«, sage ich.

Ahmed schnaubt herablassend, befindet es offenkundig nicht für wert, dem auch nur eine Silbe entgegenzuhalten.

»Was du sagst«, fahre ich fort, »ist nicht im Sinne des Islam. Allah heißt eine solche Gesinnung nicht gut – *wir gegen die Anderen.*«

»Sie haben damit begonnen.«

»Wer sie?«

»Der Westen. Der Westen hat zuerst Religionen unterworfen. Wir setzen uns bloß zur Wehr. Außerdem ... was die haben, ist kein Glaube.«

Ob Christen, ob Juden, ob Muslime fernab seiner extremistischen Ideologie – sie alle sind in Ahmeds Augen Ungläubige. Nichtswürdiges Leben, weit unter dem eines echten Muslims angesiedelt, eines Muslims seines Zuschnitts. Ich erkläre ihm, Allah zufolge stehe es uns nicht zu, den Stab über andere Menschen zu brechen, sie zu katalogisieren, geschweige uns zu Richtern über Leben und Tod aufzuschwingen. Allah allein entscheide, wer ins Paradies einziehe und wer nicht.

Auch erkläre ich ihm, der Begriff *kāfir*, den er so gerne und voller Inbrunst verwende, bedeute in Wahrheit Andersgläubiger, nicht Ungläubiger. Auch dafür hat Ahmed nichts als wortlose Verachtung übrig. Wie auch für meine Ausführungen, die Verfolgung Andersgläubiger sei schon allein nicht Allahs Wille, weil er im Koran dazu auffordere, die Würde jedes Einzelnen zu respektieren. Ich erkläre ihm ferner, dass auch der Prophet von Respekt Andersgläubigen gegenüber gesprochen habe, insbesondere Christen und Juden, dass Christen und Juden ohnedies ein Sonderstatus zufalle, weil sie *Ahl ah-kitāb* seien, Schriftbesitzer also und Anhänger einer früheren Offenbarung Gottes. Dass Muslime während der *Reconquista*, der Rückeroberung Spaniens, an die 200.000 gnadenlos verfolgte und von der Iberischen Halbinsel vertriebene

Juden aufgenommen hätten – ob im Osmanischen Reich, ob in Marokko. Dass die Geschichte neben allen Kriegen vor allem jahrhundertelange Phasen friedlicher Koexistenz von Muslimen, Christen und Juden kenne. Wie auch, dass Prophet Muhammad unmittelbar vor seinem Tod seine Wertgegenstände einem Freund anvertraut habe – einem Juden.

»Kennst du den Hadith mit dem Leichenzug?«

Ahmed starrt durch mich hindurch, als wäre ich aus Glas.

»Sie ist Teil der Sunna«, sage ich und beginne, aus dem Gedächtnis zu zitieren. »Ein Leichenzug zog an Muhammad vorüber. Da stand er um des Leichenzugs willen auf. Da wurde ihm gesagt: ›Oh, Gesandter Allahs, dies ist der Leichenzug eines Juden.‹ Warum stehst du auf? Worauf er sagte: ›Ist es denn nicht eine Menschenseele?‹«

Ahmeds Blick schweift um eine Nuance nach oben, er glotzt mir jetzt unverwandt in die Augen. »Du lügst. Sowas habe ich noch nie gehört.«

»Das glaube ich dir, weil diese Menschen, von denen du umzingelt bist, würden dir das nie sagen.«

Ein Lächeln umspielt ihm die Lippen, und mir ist, als wolle er jenen Spott über mich vergießen, den Allah klar und deutlich verbietet:

»O die ihr glaubt! lasset nicht ein Volk über das andere spotten, vielleicht sind diese besser als jene; noch Frauen (eines Volkes) über Frauen (eines anderen Volkes), vielleicht sind diese besser als jene. Und verleumdet einander nicht und gebt einander nicht Schimpfnamen. Schlimm ist das

Wort: *Ungehorsam nach dem Glauben; und wer nicht ab-lässt, das sind die Frevler.*« (49:11). Als Ahmed das Gespräch für beendet befindet, erhebt er sich bedächtig, sieht auf mich herab. Demonstrativ streicht er mit dem Handrücken seinen Dschallabija glatt, als müsste er den Dreck meiner Worte von sich streifen, und dann schleudert er mir, gewürzt mit einer gehörigen Prise Verachtung, zum Abschied den Satz entgegen, den ich bis dahin schon so oft gehört und nachstehend als *Irrtum 8* aufgelistet habe:

Irrtum 8: »Ungläubige sind unsere Feinde.«

Walid ist von ähnlich sprödem, hartfaserigen Holz, je-doch unterscheidet er sich in seiner Ungenießbarkeit dar-in von Ahmed, dass er sich weniger als berechenbar herab-lassend denn als unberechenbar aufbrausend erweist. Wir sind an diesem Mittag in beinahe gemütlichem Plauderton vereint, wechseln den einen oder anderen Scherz, spre-chen dann von der Trennung von Eltern und Geschwis-tern, die ihm zu schaffen macht, von seinen Aussichten beim in Riesenschritten nahenden Prozess wegen wieder-holten Einbruchsdiebstahls, von der Haft an sich, davon, ob auch er zuvor – nach guter islamischer Sitte – einen freundlichen Umgang mit den Nachbarn gepflogen habe.

»Mein kleiner Bruder geht zum Spielen hinüber«, sagt er. Walid macht dabei eine wegwerfende Bewegung, als wolle er mit der Hand ein lästiges Insekt verjagen, und auf einmal, wie aus dem Nichts, moduliert seine Stimme mit dem Hang zum ewig Heiseren in einen rasierklingenscharfen Ton, und das behagliche Klima dieses Frühsommertages kippt von einer Sekunde auf die andere ins Frostige.

»Und du?«, frage ich, »bist du auch zu den Nachbarn gegangen?«

Der Schwenk ist jetzt vollends vollzogen, Ahmed verfällt in eine offene, radikale Feindseligkeit, die ans Bösartige grenzt.

»Ich spreche nicht mit ihnen«, faucht er drauflos. Hasserfüllt. »Diese verdammten Ungläubigen!«

Ich halte mich fürs Erste mit Worten zurück, sehe ihn nur aus großen Augen an.

»Sie sagen, Gott hat einen Sohn«, fährt Walid fort und spricht damit die Trinität des christlichen Glaubens an. »Und einen Heiligen Geist soll es auch geben. Wie kann man nur über Allah solche dummen Lügen verbreiten und ihn beleidigen! Und wir sollen schweigen? Wir sollen diese Schweine ohne Strafe davonkommen lassen? Der Koran sagt, sie sind Ungläubige. Und Ungläubige sind unsere Feinde.«

Walid muss sich nicht nach § 278b vor Gericht verantworten, seine so vehement vorgebrachten Gedanken haben allerdings entlarvt, dass auch er der Ideologie des IS anhängt. Dennoch zählt er zu jener großen Gruppe von Mitläufern, um die es sich als Seelsorger zu kämpfen lohnt. Einem wie ihm glaube ich begreiflich machen zu können, dass sowohl Koran wie auch Sunna den Respekt gegenüber allen Menschen und Konfessionen fordern, Zuneigung und Nächstenliebe, weil dies nicht nur wichtige Werte, sondern auch religiöse Pflichten sind.

»Du irrst«, sage ich, blättere rasch in meinem mitgebrachten Koran. »Hier, Sure 5, al-Maida. Allah spricht die unterschiedlichen Religionen konkret an. Nachdem er zuerst über Evangelium und Thora gesprochen hat, heißt es unmittelbar darunter in Vers 48: ›Und wenn Allah wollte, hätte Er euch wahrlich zu einer einzigen Gemeinschaft gemacht. Aber (es ist so) damit Er euch in dem was Er euch gegeben hat, prüfe. So wetteifert nach den guten Dingen! Zu Allah wird euer aller Rückkehr sein, und dann wird Er euch kundtun, worüber ihr uneinig zu sein pflegtet.‹«

In einen konstruktiven Dialog mit dem Umfeld zu treten, sage ich, sei eine der vielen theologischen Pflichten der Muslime. Dass Streit und Hass und Fanatismus dabei nichts verloren hätten, ergebe sich wohl von selbst. Auch fordere Allah die Menschen konkret auf, aufeinander zuzugehen, Neugierde und Interesse für den Anderen und für das Fremde an den Tag zu legen. »O ihr Menschen, Wir haben euch ja von einem männlichen und einem weiblichen erschaffen, und Wir haben euch zu Völkern und Stämmen gemacht, damit ihr einander kennenlernt.« (49:13) Dies gelte insbesondere auch für die Muslime in Europa. Allah fordere sie mit klaren Worten auf, sich einzubringen in die Gesellschaft, gütig und gerecht zu sein, egal, welcher Abstammung ein Mensch sei, egal, welchem Glauben er anhänge.

Auf fruchtbaren Boden fällt bei Walid auch Folgendes, was am plötzlichen Stirnrunzeln und Zucken seiner Augen abzulesen ist: Der Prophet, sage ich, habe etwa zu jener Zeit, als es in Mekka zu gefährlich geworden sei, einigen seiner engsten Gefährten geraten, ins damals bereits christliche

Abessinien zu ziehen – er habe es ein freundliches Land genannt mit einem König, der sich durch Gerechtigkeit auszeichne. Und es zeigt auch Wirkung als ich ihm Allah als gemeinsamen Gott von Muslimen, Juden und Christen in Erinnerung rufe. »*Und streitet nicht mit dem Volk der Schrift, es sei denn auf beste Art und Weise, außer mit jenen von ihnen, die unrecht handeln. Und sprecht: ›Wir glauben an das, was zu uns herabgesandt wurde und was zu euch herabgesandt wurde. Unser Gott und euer Gott ist ein und derselbe. Und Ihm sind wir ergeben.‹*« (29:46)

Irrtum 9: »Die Scharia ist eine Herrschaftsform.«

Für Extremisten bedeutet Scharia: Kopfabhacken, Handabhacken und Steinigen. Für sie ist Scharia eine Herrschaftsform mit blutrünstigen, in Stein gemeißelten Regeln, womit sie Sorge getragen haben, dass der Begriff weltweit als Schreckgespenst umgeht und nur noch als Synonym für Bestrafungen dient.

Tatsächlich ist Scharia eine Lebensform und keine Herrschaftsform. Auch ist Scharia kein Gesetzbuch, das man im nächsten Laden erwerben kann. Wörtlich bedeutet Scharia: Weg zur Wasserquelle, zur Tränke, aber auch: Ritus, abgeleitet aus dem arabischen Wort: šara'a – den Weg weisen. Sie ist der Weg, um Gottes Wohlgefallen zu erlangen, die friedliche Lebensweise nach Koran und Sunna. Drei Auflagen muss der Mensch dafür generell erfüllen:

• Gutes tun und von Gott auferlegte Pflichten erfüllen
• Guten Charakter vorweisen
• Verinnerlichung der islamischen Glaubensgrundsätze

Ob nun ein Muslim die drei Aspekte erfüllt hat oder nicht, liegt allein im Ermessen Allahs. Nach dem Tod eines Menschen kommt die Waage der Gerechtigkeit zum Einsatz, keine einzige Tat bleibt dabei unbeachtet. Der Koran sagt dazu: *»Und Wir stellen die gerechten Waagen für den Tag der Auferstehung auf. So wird keiner Seele um irgendetwas Unrecht zugefügt; und wäre es auch das Gewicht eines Senfkorns, Wir bringen es bei. Und Wir genügen als Berechner.«* (21:47)

Irrtum 10: »Europa will den Islam nicht – Europa will uns vernichten.«

Wir reden türkisch. Als ich Nuri zum ersten Mal unter vier Augen spreche, geschieht es auf Bitten eines Seelsorgers, der einigermaßen entmutigt das Handtuch geworfen hat. Er könne nicht den Funken einer Aussicht auf Besserung an dem 21 Jahre alten Türken ausmachen. Nuri hat meinen Kollegen zuvor wiederholte Male als Spion und Mitarbeiter des Verfassungsschutzes bezeichnet und schließlich verkündet, er würde ihm nicht noch einmal gegenübertreten. Dennoch ist er bereit, mit einem anderen Imam zu sprechen. Mit mir.

»Warum hast du den Kontakt eingestellt?«, will ich eingangs wissen.

»Nicht alle Imame denken gleich.«

»Nein? Kennst du welche, die anders denken?«

Nuri nickt. »Ich kenne welche, die denken wie ich.«

»Und wie denkst du?«

»Europa will uns Muslime vernichten?«

»Ach ja? Und was ist mit den 700.000 Muslimen, die in Österreich leben und nicht deiner Meinung sind? Und den viereinhalb Millionen in Deutschland? Den Millionen in Frankreich?«

»Die Europäer hassen uns. Sie sagen, der Islam gehört nicht hierher.«

»Wer sagt das?«

»Alle. Die AfD. Die FPÖ. Andere Parteien auch.«

Wiewohl ich weiß, dass nicht alle Europäer tatsächlich so denken ... wiewohl ich weiß, dass der Islam seit Jahrhunderten in Europa fest verwurzelt ist (standen doch zahlreiche Länder jahrzehnte- oder jahrhundertelang unter muslimischer Herrschaft, beispielsweise Ungarn (150 Jahre), Bulgarien (500), Serbien (400), Griechenland (350) oder Spanien (mehr als 750) ... wiewohl ich weiß, dass auch heute einige Länder durch muslimische Mehrheiten geprägt sind – der Kosovo mit neunzig Prozent Bevölkerungsanteil, Albanien mit achtzig, und in Bosnien und Mazedonien sind es immerhin bis zu vierzig ... wiewohl ich weiß, dass Muslime auch in Europa die Wissenschaften mitgeprägt haben (um nur an so großartige Forscher zu erinnern wie den Perser Avicenna (ursprünglicher Name: Ibn Sina) – Arzt, Physiker, Mathematiker, Astronom, Alchemist und Philosoph –, oder den Andalusier Averroes (Ibn Rushd) – Philosoph und Mediziner ... wiewohl ich weiß, dass der Islam in Österreich bereits 1912 als eine von heute 16 Konfessionen per Gesetz anerkannt worden ist und noch vor den Evangelischen die zweitgrößte Religionsgemeinschaft darstellt ...

... wiewohl ich all das weiß, kann ich mit diesem nun wütend aufbrausenden, wieder und wieder *Verräter* brüllenden jungen Mann – natürlich klammheimlich, still, ohne es auszusprechen – mitfühlen, weil die stetig steigende Islamfeindlichkeit in Europa auch mir zunehmend wehtut. Die Ressentiments gegenüber dem Islam in Europa wachsen und wachsen. Als hätte man jene Millionen vergessen, die seinerzeit – in den Siebzigern – als Gastarbeiter mitgeholfen haben, die Lokomotive des europäischen Aufschwungs unter Volldampf mit anzutreiben. Man hat sie ins Land geholt, weil man sie gebraucht hat, teils auch für Jobs, die sonst keiner erledigen wollte. Und sie sind geblieben. Mit ihren Familien. Mit ihrer Kultur. Und natürlich auch mit ihrer Religion. Dass man von mancher Seite nun versucht, ihnen und nachfolgenden Generationen das Recht auf ein würdevolles, friedvolles Leben in Europa um den Preis billiger Wahlerfolge abzusprechen, macht auch mich manchmal sprach- wie fassungslos.

»Wie kommst du drauf, Muslime hätten hier kein gutes Leben?«, sage ich.

»Wir sind hier im Haus des Krieges«, schnaubt Nuri. »Darum gibt es nur den einen Ausweg: Wir müssen uns dem IS anschließen. Wir alle. Bevor sie uns vernichten, müssen wir sie vernichten. Das müssen selbst Sie verstehen, Imam.«

»Nein«, halte ich dagegen. »Das verstehe ich nicht. Nicht eine Zeile im Koran verweist darauf, Europa wäre unser Feind. Wofür wir kämpfen müssen, ist eine bessere Zukunft *miteinander*. Nicht gegeneinander. Und es ist ein innerer Kampf. Das ist Allahs Wille.«

»Sen bir Hain sin!!!« *Du bist ein Verräter*. Abermals brüllt Nuri drauflos. Er springt so auf, dass sein Sessel seitlich gegen die Wand knallt, und für einen Moment ist mir sehr bange zumute. Dann macht er zwei hastige Schritte zur Tür, trommelt dagegen, schreit wieder und wieder. *Verräter*. Ich drücke auf den Alarmknopf (erstmalig übrigens, sehe ich von dem einen Mal ab, da ich ihn aus Versehen mit meinem Bauch ausgelöst habe). Ein Wachebeamter kommt ins Besprechungszimmer gelaufen. Er bringt den Gefangenen zurück in seine Zelle. Es ist das erste und letzte Mal, dass ich mit Nuri gesprochen habe, denn kurz danach wird er in ein anderes Gefängnis verlegt.

Irrtum 11: »Demokratie und Islam sind nicht vereinbar.«

Plötzlich drauflos brüllende Häftlinge kommen mir in der JA Josefstadt üblicherweise dann unter, wenn sie im Gespräch unvorbereitet Gefahr laufen, einen ihrer für unverbrüchlich befundenen Glaubenssätze in Rauch und Asche aufgehen zu sehen. Sei es, weil ihnen die Argumente ausgehen, sei es, weil sie – wenn auch wider Willen – zu reflektieren beginnen, wenn so etwas wie ein Prozess der Einsicht und Läuterung in Gang kommt.

Der Tunesier Khalid ist einer von dieser Sorte. Er ist von einer Erscheinung, die man als vordergründig furchterregend bezeichnen kann: einen Kopf größer als ich; Vollglatze; ein schwarzer, buschig wallender Vollbart; dazu, als wäre alledem nicht genug, wild rollende, dann wieder listig blitzende Augen in den Höhlen, die ab und an daraus hervorzutreten scheinen, insbesondere, wenn er sich in

172

Rage redet. Tatsächlich erweist er sich bei unseren Treffen aber als bedeutend friedfertiger denn gedacht, und alles in allem schätze ich Khalid als potentiellen Kandidaten für eine Abkehr vom radikalen Gedankengut ein. Er gibt sich interessiert an meinen Ausführungen, lauscht angeregt, wenn ich aus dem Koran zitiere oder die Sunna anspreche. Bis zu jenem Tag, wo die Sprache auf die da noch ferne Stunde seiner Entlassung kommt – auf die, wie ich sage, Vielzahl von Möglichkeiten, die sich in einem demokratischen Land wie Österreich bieten.

»Demokratie ist Teufelswerk«, fährt er völlig unvermittelt los. Khalids Gesicht hat sich zu einer Gewitterfront verdüstert. Auch scheint er im Sitzen um einen halben Meter gewachsen zu sein. Dann steht er plötzlich auf, tritt gegen die Wand des Besprechungszimmers.

»Setz dich und beruhige dich, Khalid«, sage ich mit leicht bebender Stimme. Ich kenne ihn bereits ein wenig, denn es ist unser zweites Treffen. »Erkläre es mir.«

Khalid fängt sich, sinkt zurück, schweigt. Ich warte. Eine Minute. Eine zweite.

»Demokratie ist für Ungläubige«, zischt er schließlich.

»Ja? Der Koran schreibt uns Muslimen keine bestimmte Staatsform vor. Wir können frei wählen. Hauptsache, wir leben in einem gerechten System. Eines, wo jedem Einzelnen das Recht auf Freiheit gewährt ist. Wo niemand gezwungen wird, seine Religion aufzugeben oder eine andere anzunehmen. Wo jeder Mann, jede Frau seine, ihre Bedürfnisse ausleben kann und darf. Wo dir nicht verboten wird zu beten, wenn dir danach ist. Wo Frauen Kopftücher tragen dürfen, wenn ihnen danach ist. Aber nicht gezwungen werden. Dort ist der Islam zuhause. Und zugleich die Demokratie.«

Unbeugsamer Stolz blitzt in seinen Augen auf. »Ein echter Muslim interessiert sich nicht für die Meinung anderer. Ein echter Muslim ist kein Demokrat. Demokratie ist für Feiglinge. Für Schwächlinge. Für Europäer. Amerikaner. Demokratie ist das Gegenteil von Islam.«

Und was ist mit Indonesien?, will ich fragen. Indonesien als Beispiel, wie es gehen kann. Doch dann halte ich inne. Denn ich weiß nicht, ob er es kennt, ich will ihm nicht das kleinste Scheit Holz liefern, das seinen Irrglauben zusätzlich befeuern könnte. Ja, Indonesien. Nirgendwo sonst auf der Welt leben mehr Muslime. Neunzig Prozent beträgt der Anteil. Bei 250 Millionen Einwohnern. Mit dem Rücktritt von Präsident Suharto vor bald zwanzig Jahren ist einiges in Bewegung geraten, auch in punkto Menschenrechte und religiöse Freiheit. Überwiegende Teile der Bevölkerung leben dort im Geiste eines durch und durch friedfertigen Islam. Anhaltende Probleme gibt es allein in der Provinz Aceh. Und zuletzt – vor einem halben Jahr – hat ein Gericht den christlichen Bürgermeister der Hauptstadt Jakarta, Basuki Tjahaja Purnama, wegen angeblicher Herabwürdigung des Koran zu zwei Jahren Haft verurteilt.

Gewiss, ein empfindlicher Rückschlag. Demokratisierung ist eben da wie dort ein langwieriger Prozess. Aber ein Prozess. Und ich bin zuversichtlich, dass er, weil längst in Gang gesetzt, unaufhaltsam fortschreitet, dass der Weg – trotz gelegentlicher Rückfälle – das Ziel ist.

Irrtum 12: Sie denken, ihre Ideologie sei ihre Religion.

Ideologie. Darin stecken – etymologisch betrachtet – die aus dem Griechischen entlehnten Begriffe *idea* (was für Erscheinung, Gestalt, Anschauung steht) und *logos* (also Wort, Lehre, Kunde). Klingt aufs erste Hinhören ganz vernünftig und *logisch*, was sich da entwickelt zu haben scheint aus der einstigen Ideenlehre, mit welcher der französische Philosoph Destutt de Tracy um 1800 eine neue philosophische Richtung beschreibt. Eine andere sprachgeschichtliche Ableitung wiederum rückt Ideologie in die Nähe von *idios*, was in zusammengesetzten Wörtern für *selbst, eigen* und *eigentümlich* steht. Auch das Wort Idiot trägt so nebenbei dieselbe Wurzel.

Ideologien verkaufen sich als Vorhaben im Sinne von Weite, im Dienst einer Gemeinschaft unter Umsetzung einer großen, übergeordneten Idee. Sie geben vor, ein zutiefst menschliches Bedürfnis nach Sinn und Ordnung zu stillen. Und bei der IS-Ideologie gesellt sich der Faktor des Überirdischen hinzu, Terroristen suggerieren also, der Mensch könne sich getrost ins Himmelbett einer Weltordnung fallenlassen, die von Seinesgleichen nur verwaltet und mit strikten Regeln ausgestattet werde, tatsächlich aber allein göttlich sei. Blindlings fallenlassen, ohne nachzudenken, denn das hätten ohnedies andere, Klügere bereits ausreichend an ihrer Stelle getan.

Der Duden wird bei Ideologie schon zeitgemäßer, konkreter, indem er in knappen Worten festhält: »*Gesamtheit der Ideen, auf die sich eine Weltanschauung oder ein Parteiprogramm gründet.*« Nach heutigem Verständnis trägt der

Begriff Ideologie – völlig zu Recht, wie ich meine – den äußerst schalen, zutiefst politischen Beigeschmack von Enge und Engstirnigkeit, von der Ausgrenzung Andersdenkender, und steht letztlich für das falsche Bewusstsein einer Gesellschaft. Es liegt im Wesen der Ideologie, Menschen zu instrumentalisieren, sie sich untertan und zunutze zu machen. Ideologien werten, und sie werten ab. Folglich löst die Annahme der IS-ler, ihre Ideologie sei ihre Religion, in mir reflexartig nichts als Argwohn aus.

Angriffskriege, Terrorakte, jedwede Gräueltaten und Systeme der Unterdrückung werden vom IS unter dem Deckmantel einer *islamischen Religion* geheiligt. Die Parallelen zu anderen zeitgenössischen Ideologien sind nicht zu übersehen. Auch die Extremisten des IS lehnen Bildung (hier die traditionell islamische) ab, vielmehr wird die Frühzeit des Islam willkürlich umgedeutet und zugleich glorifiziert. Idealisiert wird eine Rückkehr zum angeblich *reinen Islam*, zu einer angeblich islamischen Ordnung, die für jeden und alles klare Regeln vorgibt, bis ins kleinste Detail des gesellschaftlichen Zusammenlebens – die Geburt einer Gemeinschaft, die allen übrigen haushoch überlegen sei.

Genaueres Hinterfragen ist unerwünscht. Womit der Wandel von der Religion zur blanken, nichts als politischen Ideologie bereits vollzogen ist. Sie ist auch nicht länger (wie Religionen es im Allgemeinen vorgeben) auf das Jenseits ausgerichtet, auf das Leben danach, sondern sehr irdisch, sehr diesseitig (Stichwort: Leben in Luxus) – wiewohl ein IS seinen Soldaten auch den glorreichen Einzug ins Paradies, dort erwartet von 72 Jungfrauen, in Aussicht stellt. Und indem der kriegerische Aufruf ertönt, die Welt möge in einem gnadenlosen Befreiungskampf von dem Geschwür Imperialismus gesäubert werden, schwingt obendrein eine kräftige Prise Ideologie mit.

Irrtum 13: »Nur wir allein verstehen und interpretieren den Islam richtig.«
Allwissenheit – so sie der Mensch für sich reklamiert – und Arroganz gehen gerne Hand in Hand. Genauso verhält es sich mit den Extremisten des IS. Hier ist Überheblichkeit Programm. Fundamentalisten streben nicht nach Wissen, bloß nach Einflussnahme, nach Macht und deren Erhalt um jeden Preis. Die allermeisten Extremisten sind religiöse Analphabeten, verfügen nicht einmal ansatzweise über Kenntnis zu *aqīda* (Glaubenslehre), *tafsir* (Koranexegese), Hadith-Wissenschaften (Prophetenlehre) oder auch zur islamischen Geschichte.

Dabei spielt Bildung in der islamischen Welt seit jeher eine besondere Rolle. Der gebetsmühlenartig erhobene Vorwurf, die islamische Welt habe vor 800 Jahren aufgehört sich zu entwickeln, spätestens aber vor 600, zu Zeiten Gutenbergs also, wo mit Erfindung des Buchdrucks der Prozess der Aufklärung im Westen vorangetrieben, die islamische Welt jedoch im Dunkel versunken sei, dieser Vorwurf ist gleichermaßen falsch wie ungerecht. Bloß treten rückschrittliche Tendenzen bei so manchem Muslim stärker und eindrücklicher in Erscheinung als anderswo – vor allem durch Kriege in muslimisch geprägten Ländern und extreme Armut. Die Weltoffenheit einer überwiegenden Mehrheit der Muslime dringt dabei nicht ins Bewusstsein der Öffentlichkeit vor, es bleibt weitgehend unbeachtet, dass Abermillionen reflektierender und im Heute einer modernen Gesellschaft längst angekommener Muslime sehr wohl wissen, dass Falsches nicht wahr wird, indem man es nur oft genug wiederholt. Und natürlich wissen sie auch, dass die Absage an blinde Gefolgschaft ohne kritisches Denken sich bereits im allerersten von Allah zu den Menschen hinabgesandten Vers findet:

»Iqra!« – »Lies!«

Es ist dies die unmissverständliche göttliche Aufforderung, sich um Bildung zu bemühen, unterstrichen durch das wiederholte Postulat: »Nutzt euren Verstand!« Wie auch die warnenden Worte: *»Wollt ihr euch eures Verstandes nicht bedienen?«* (10:16) An anderer Stelle heißt es: *»Sind solche, die wissen, denen gleich, die nicht wissen? Allein nur die mit Verstand Begabten lassen sich warnen.«* (39:9) Und auch der Prophet Muhammad fordert unmissverständlich: »Streben nach Wissen ist die Pflicht für jeden Muslim.«

Stattdessen fordert der IS blindes Vertrauen, blinden Gehorsam. Die Mechanismen der Ideologie setzen sich also nahtlos fort, die zentrale Botschaft des Koran indes, das Gute durch das Böse abzuwehren, wird negiert.

Der Islam verfügt über keine zentrale Deutungs-Institution, was gewiss ein Problem darstellt, denn gerade das hat es dem Islamischen Staat leichtgemacht, eigene politische Interessen als »Wahrheiten« über die Heilige Schrift zu verkaufen. Jede Splittergruppierung kann sich nach Bedarf als *wahrer Islam* ausgeben, und dort, wo Menschen Macht und Unterwerfung über Demokratie und ein harmonisches, friedliches Miteinander aller stellen, geschieht dies auch. Andersdenkende werden bisweilen als Abtrünnige bekämpft oder als Häretiker verflucht. Der seit Jahrhunderten schwelende, mit aller Härte ausgetragene und rein politische Konflikt zwischen den so genannten Sunniten und Schiiten belegt das auf beklemmende Weise.

Umso wichtiger sind dann Stimmen, die weg von unvernünftiger Gewalt und hin zu gewaltfreier Vernunft führen – die aus den eigenen Reihen ebenso ertönen wie auch von Vertretern anderer Konfessionen. So hat zum Beispiel Kardinal Kurt Koch, Präsident des *Päpstlichen Rates zur Förderung der Einheit der Christen,* klar festgestellt, der »Islamische Staat hat in seinen ideologischen Grundlagen nichts mit der islamischen Religion zu tun«. Kluge, kalmierende Worte.

Irrtum 14: »Spiritualität und Mystik sind des Teufels.«

»Hey! Was labert der von Herz und Gefühlen? Wir wollen das nicht hören. Wir sind keine Weiber!«

Gelächter. Gemurre. Schulterklopfen. Die üblichen Reaktionen, die auf den Fuß folgen, wenigstens von einer Handvoll der Anwesenden. Nicht nur einmal, in ähnlichem Wortlaut, ist mir derlei beim Freitagsgebet in der Gefängnismoschee zu Ohren gekommen, auch wenn die Betreffenden stets gedacht haben, ich würde es nicht hören. Meist sind es die ohnedies bekannten Aufwiegler, die sich derart in Szene setzen, um auf billigem Wege rasch eine Portion Anerkennung von ihresgleichen zu erfahren. »Ist es dir lieber, in einer Welt voller Brutalität, Gefühllosigkeit, Hass und Niedertracht zu leben?«, frage ich dann. »Wo du immer damit rechnen musst, dass dir der Nächstbeste den Schädel einschlägt, wenn du um die Ecke biegst?« Nur selten bekomme ich darauf Antwort.

Spiritualität, Mystik und Sufismus – die geistige Verbindung eines gläubigen Menschen mit dem Transzendenten, mit alledem also, was jenseits der üblichen Sinneswahrnehmung, jenseits der endlichen Erfahrungswelten, jenseits des Sichtbaren zu liegen scheint. Das sind große Themen, die ich den Häftlingen nahezubringen suche. Es stellt eine besondere Herausforderung für jeden Imam dar, dieses Gefühl für eine andere, göttliche Dimension nachhaltig zu vermitteln. Sich im Glauben an Gott mit Liebe und mit ganzem Herzen versenken.

Und ich gebe den Gefangenen dann immer auch die bereits erwähnten Worte der großen Mystikerin Rabia Al Adawiyya mit in den Tag, jene Sätze, die mich schon mein Großvater als kleines Kind abends vor dem Einschlafen gelehrt und mir so das Bild eines barmherzigen und gerechten Gottes erst gar nicht eingegeben hat: »*Bete nicht aus Angst vor der Hölle. Bete nicht aus Gier zum Paradies. Bete aus Liebe zu Allah.*«

Ein spirituelles, sinnerfülltes Leben führen. Liebevolle Beziehungen zu anderen Menschen pflegen, ungeachtet von Kultur, Religion, Abstammung. Die Schöpfung achten. Die Tiere. Die Umwelt. Gottes Gebote befolgen. Das sind Pfeiler und erklärte Ziele des Islam. Freilich – in einer Welt des extremistischen Islams ist dafür kein Platz. Allzu rasch wäre es um Treue und Gefolgschaft der Anhänger geschehen.

Irrtum 15: »Andere Gotteshäuser müssen zerstört werden.« Recep ist wie ich türkischer Abstammung. Wie meine Wurzeln reichen auch die seinen tief nach Anatolien hinein. Keine hundert Kilometer liegen unsere Heimatdörfer auseinander. Dennoch trennen uns Welten. Recep ist mit seinen 25 Jahren keiner, den ich als unbekehrbar radikal einstufen würde. Und doch gibt es nichts an ihm und seiner Gesinnung zu verharmlosen. Sein Interesse am Bombenbau ist auch lange nach seiner Verhaftung noch latent, immer wieder entfährt ihm bei einem unserer Gespräche die eine oder andere Bemerkung in diese Richtung. Wie etwa, als er einmal sagt:

»Wir können sie mit Bomben zwingen.«

»Zwingen? Mit Bomben? Das musst du mir erklären.«

Er vertraut mir an, mit dem Gedanken gespielt zu haben, etwas wirklich Ungeheuerliches zu machen: nämlich eines Nachts *die große Kirche* anzugreifen. Erst allmählich begreife ich, dass er den Stephansdom in Wien meint. Er sollte Ziel eines Sprengstoffanschlags werden. Erst danach, so Recep, würden Christen den Ernst der Lage erkennen.

»Und was als Nächstes? Schneidest du einem x-beliebigen Christen auch gleich den Kopf ab?«

Recep zuckt sichtbar zusammen. Große Kirche sprengen, das ja. Aber ermorden? Direkt Hand anlegen. Von

Mensch zu Mensch. Nein. So weit würde er dann doch nicht gehen. In diesem Augenblick bricht der »große Attentäter« in ihm zusammen. Er ist jetzt wieder der kleine Mitläufer, der er in Freiheit auch gewesen, der in Shisha-Lokalen auf die Jagd nach leicht beeinflussbaren Seelen gegangen ist.

Fast schon im Flüsterton spricht er zu mir, als müsste er um jeden Preis verhindern, dass irgendwer sonst seine Worte hört: »Wenn die anderen das erfahren ...« Sein Zeigefinger fährt die Gurgel entlang, von linken zum rechten Ohr. Töten, nein. Den Stephansdom schleifen, ja.

Ich habe diese Bilder lange nicht aus dem Kopf bekommen: nämlich jene der Tempelanlagen von Nimrud im Norden des Irak, dem Erdboden gleichgemacht unter den Planierraupen eines IS. Sie haben wie zahllose Kirchen, Klöster oder Synagogen auch die Jahrtausende überdauert, feindlichen Heerscharen und Herrschern, Erdbeben und Sandstürmen getrotzt, um letztlich dem blindwütigen Zerstörungstaumel der Schergen des IS zu erliegen. Ihre vormalige Pracht ist Geschichte. All die herrlichen Lamassu-Statuen, die Nimrud zuvor bewacht haben, die in ganz Vorderasien im Ruf von Schutzmächten gestanden sind. Übergroße steinerne Stierkörper. Löwenkörper. Ausgestattet mit Flügeln und Menschenköpfen. Weltkulturerbe. Unschätzbar, unersetzbar, und nur eines von vielen Beispielen für die extremistische Gesinnung, die Symbole missliebiger Religionen und Kulturen zu vernichten.

Ein anderes, ebenfalls um die Welt gegangenes Beispiel ist die Zerstörung der assyrischen Statuen im Museum von

Mossul. Zumeist werden Fotos und Videos der Zerstörung von den Terroristen selbst angefertigt und auch gleich ins Netz gestellt – als Teil ihrer zerstörerischen Strategie. Oder auch Palmyra. Wiewohl es hier – wenigstens hier – einen Funken Hoffnung gibt. Denn dieses Juwel der verschmolzenen Kulturen in der syrischen Wüste soll mit Hilfe modernster Technik (sogar unter Einbeziehung des Deutschen Zentrums für Luft- und Raumfahrt) wiedererrichtet werden. Ein Ehrenbogen ist mit einem 3-D-Drucker bereits rekonstruiert worden.

»Der Prophet«, entgegne ich Recep an jenem Nachmittag, »hat den Christen den Schutz ihrer Gebetsstätten zugesagt. Einmal hat er auch eine christliche Delegation in die Moschee eingeladen, als man nach einem Platz zum Beten gesucht hat.« Und im Koran steht ausdrücklich: »*Und wenn Allah nicht die einen Menschen durch die anderen abgewehrt hätte, so wären fürwahr Köster, Kirchen, Synagogen und Moscheen, in denen der Name Gottes häufig genannt wird. – Und Allah wird ganz gewiss denjenigen helfen, die ihm helfen. Allah ist wahrlich Stark und Allmächtig.*« (22:40)

Die Rechtfertigung für die beliebige Zerstörung von Glaubenseinrichtungen anderer Konfessionen seitens des IS ist die immergleiche. Sie ist auf die immergleiche Weise falsch, und findet sich doch so tief verwurzelt in den Köpfen Radikaler wieder. Sie dient als Basis der Annahme, nur islamische Gebetsstätten besäßen ein Anrecht auf Existenz, und Recep ist ein mahnendes Beispiel für diesen nächsten großen, zum unauflöslichen Glaubenssatz erhobenen Irrtum der Extremisten:

Irrtum 16: »Es gibt weder Glaubens- noch Meinungsfreiheit.«

»*Und wenn dein Herr wollte, würden fürwahr alle auf der Erde zusammen gläubig werden. Willst du etwa die Menschen dazu zwingen, gläubig zu werden?*« (10:99) Der Wunsch Gottes nach persönlicher Freiheit jedes Einzelnen im Glauben ist damit dokumentiert. Noch deutlicher heißt es im Koran an anderer Stelle: »*Euch eure Religion und mir meine Religion.*« (109:6) Religionsfreiheit als höchstes Gut also. Im Islam genauso wie in anderen Konfessionen.

Und auch der Prophet findet klare Worte in diese Richtung, indem er erklärt, was einen Muslim ausmacht: »Der Muslim ist derjenige, vor dessen Hand und Zunge alle Menschen sicher sind. Und der Gläubige ist derjenige, vor dem Leben und Besitz aller Menschen in Sicherheit sind.«

Zeilen übrigens, die auch Teil jener bereits angesprochenen Deklaration sind, die mehr als 300 Imame Österreichs unterzeichnet haben – in einem Zeremoniell in der landesweit größten Moschee in Wien-Floridsdorf im Juni dieses Jahres. Ein Aufruf zur Abkehr vom Terror, von Antisemitismus und Islamfeindlichkeit, und zugleich ein Aufruf an alle Muslime, sich bestmöglich in die Gesellschaft zu integrieren. Es ist mir eine Ehre, Initiator dieser Imame-Deklaration gewesen zu sein.

Irrtümer 17, 18 und 19: »Zwangsehe, Ehrenmord und weibliche Genitalverstümmelung sind islamisch.«

Drei weitere in dieser Auflistung grober, willentlich herbeigeführter Fehlinterpretationen des Islam, hier unter einer Überschrift zusammengefasst, weil sie thematisch sehr eng beisammenstehen, darum nicht getrennt betrachtet werden sollten. Und so möchte ich an dieser Stelle von Cem erzählen, von seinem hinter Gittern abgegebenen Geständnis, das nur indirekt mit ihm persönlich oder seiner Radikalisierung zu tun hat und mir doch, trotz meiner schon jahrelanger Erfahrung und einer damit einhergehenden Abhärtung, einigermaßen nahegegangen ist:

Cems familiäre Verbindungen reichen in die Touristenregion von Antalya. Cem ist 22 Jahre alt. Auf der Suche nach einem vermeintlich *besseren Leben* hat er mit seinen Eltern die Heimat hinter sich gelassen. In Österreich angekommen, und nach einem kurzen Intermezzo als Mitglied einer Bande von Autoschiebern, tritt er den Weg hierher, in die Justizanstalt Josefstadt in Wien, an.

Wir unterhalten uns auf Türkisch, denn Cems Deutsch ist leidlich schlecht. Zudem öffnet die gemeinsame Sprache das Tor zu seiner Seele bedeutend einfacher. Erst sprechen wir von seinen Eltern, Geschwistern, die allesamt in der Türkei leben, von der Jobsituation in Anatolien. Doch dann geht es zur Sache.

»Imam, kann ich Ihnen alles erzählen?«

Ich nicke. »Natürlich. Und ich werde dich auch nicht verurteilen.«

»Wirklich alles?«

Cem beginnt unvermutet zu zittern. Ich fasse ihn sanft am Unterarm, beschwichtige und bestärke ihn darin, sein Herz auszuschütten.

»Es beschäftigt mich schon lange.« Er holt tief Luft. »Mein Cousin hat seine Schwester umgebracht«, sagt er schließlich.

»Warum hat er das getan?«

»Sie hat ihren Mann verlassen, ist nach Istanbul gegangen.«

Selin heißt die Cousine. *Hieß.* Schenke ich Cems Ausführungen Glauben, so ist, *war* sie das blühende Leben. Eine bildhübsche junge Frau mit großen Erwartungen an die Zukunft. Und auch voller Emotionen, denn ihre Ehe mit Emre, einem Freund ihres Bruders, ist keinesfalls unter Zwang zustande gekommen. Arrangiert? Ja, das schon, sagt Cem. »Aber sie hat ihn gemocht. Nein, sie hat ihn sogar geliebt.«

Aber: Die Schatten in der Seele ihres Vermählten brechen sich schon bald Bahn, greifen nach ihr, Selin. Wie ihr Bruder auch, hängt ihr Mann extremistischem Gedankengut an. Mehr und mehr sprechen die beiden jungen Männer vom Heiligen Krieg, davon, die Ungläubigen in aller Welt auszuradieren, und auch mit Liebe und Achtsamkeit für seine Frau ist es rasch nicht mehr allzu weit her. Der Brutalität der Worte folgt bald die des Körpers. Er beginnt, Selin zu schlagen. Mehrfach, erzählt Cem, habe Selin Rat bei ihrer Tante eingeholt, Cems Mutter. Die Antwort: Sie solle den Weg der Tradition gehen. Sie solle ausharren. Alles werde sich zum Guten wenden.

Gewendet hat sich nichts. Also ist Selin eines Morgens fort. Nur ihren Ausweis und eine kleine Tasche trägt sie bei sich. Monate vergehen, ehe sie Kontakt zu ihrer Mutter aufnimmt, ihr von ihrem neuen Leben unter dem Dach einer Freundin erzählt, davon, dass sie einen Job als Friseurin angenommen hat. Schließlich erfährt auch ihr Bruder Emre davon. Er und Selins Mann machen sich auf ins ferne Istanbul, kehren jedoch alleine zurück. Fuchsteufelswild, weil sie Selin nicht gefunden haben.

Zwei Jahre ziehen ins Land. Längst hat Selin sich in ihrer neuen Existenz installiert, sie sieht und hört nichts aus der Heimat, ja, es hat den Anschein, als hätten sich die Gemüter abgekühlt, als wäre auch in dem kleinen Dorf in Antalya Gras über die Sache gewachsen. Schließlich, heißt es doch, heile die Zeit alle Wunden.

Die Freude ist groß, als Cem eines Morgens die Botschaft vernimmt. »Selin ist da«, sagt seine Mutter. »Sie will die Scheidung von ihrem Mann besprechen. In aller Ruhe. Alles ist gut.«

Zwei Tage danach besuchen Cem und seine Mutter die Verwandten. Der Empfang ist herzlich. Man sitzt zusammen, hat ein feines Mahl im Bauch, trinkt Chai, schwarzen Tee also. »Selin hat gut ausgesehen«, erinnert sich Cem. Und dann habe sie sich erhoben, um den Wasserkanister hinterm Haus zu holen.

Selin bleibt lange weg. Zu lange. Und als Cem sich bereits erheben will, um nach ihr zu sehen, zerschneiden markerschütternde Schreie die Luft. Der erste kurz, der zweite anhaltend. Endlos lange. Endlos schmerzerfüllt.

Sie alle seien für einige Augenblicke wie gelähmt gewesen, dann erst, nach langen Sekunden der Starre, aufgesprungen und nach draußen gelaufen.

Vor dem Haus jene Szenerie, die sich auf alle Tage in Cems Gedächtnis eingebrannt hat. Ein Bild wie aus einem Horrorfilm. Selins Ehemann breitbeinig im Innenhof stehend. In der Hand ein Messer mit dreißig Zentimeter langer Klinge. Zu seinen Füßen seine Frau in einer riesigen Blutlache.

»Ihr Mann und mein Cousin haben gemeinsam beschlossen, dass sie sterben muss«, erzählt Cem. Sie hätten hinterdrein auch keinerlei Zeichen von Bedauern, geschweige Reue gezeigt. Es sei nur recht und billig. Selin habe Schande über die ganze Familie gebracht. Er habe seine Ehre retten müssen.

Welch grauenvolles Beispiel für das Zusammenspiel von falschem Verständnis der Tradition, Kultur und Religion – und doch immer noch gelebter Alltag. Motive wie Eifersucht und Hass spielen natürlich auch eine Rolle, doch im Kern verstehen Extremisten wie Selins Ehemann sich als *Kämpfer für die gerechte Sache*. Sie sehen sich im Recht, und die Buchstaben ihres sehr verqueren Gesetzes tragen diesen einen Namen: Ehre.

Was mich an diesem Fall so besonders erschüttert hat, ist auch dies: Selins Eltern, so gut wie gar nicht religiöse Menschen und weitab von extremistischen Gedanken, insbesondere aber ihr Vater, also Cems Onkel, könne die Tat des Schwiegersohnes bei allem Schmerz des Verlustes auf gewisse Weise nachvollziehen. Solange Haltungen wie diese durch die Köpfe von Menschen spuken, ist auch so genannten Ehrenmorden kein Ende gesetzt.

»Was denkst du darüber?«, frage ich Cem.

Er zögert geraume Zeit. »Mein Onkel sagt, es stünde so im Koran. Er sagt, es gibt Ehrenmord.«

»Hat er dir die Stelle gezeigt?«

Zur Antwort erhalte ich tiefes Schweigen. »Mir ist nicht eine solche Stelle bekannt«, sage ich endlich. »Aber dafür diese hier, Sure 17, Vers 15: ›*Wer den rechten Weg befolgt, der befolgt ihn nur zu seinem eigenen Heil; und wer irregeht, der geht allein zu seinem eigenen Schaden irre. Und keine lasttragende Seele soll die Last einer anderen Seele tragen.*‹«

Cem kneift die Augen zusammen. »Was heißt das, Imam?«

»Das bedeutet, dass es keine Ehre einer Familie gibt, die ein anderer beflecken könnte. Also gibt es auch keine Ehre, die durch die Tat eines anderen wiederherzustellen wäre. Verstehst du? Jeder ist immer nur für sein eigenes Handeln verantwortlich. Und nicht für das eines anderen.«

Ich lasse das Zitat eine Weile auf ihn wirken, ehe ich mit einem Spruch des Propheten nachsetze, diesmal die Zwangsehe und die abermals bewusst falsche Auslegung von Heiliger Schrift und Sunna betreffend, um diese kulturell begründete Praxis auch heute noch religiös zu legitimieren: »Die Witwe soll nicht verheiratet werden ohne ihre Anweisung, und die Jungfrau soll nicht verheiratet werden, bis ihre Zustimmung eingeholt wurde.«

»Und wenn dir das nicht genügt«, sage ich, »dann denke darüber nach, ebenfalls Worte des Propheten: ›Chansa be-

richtete, dass ihr Vater sie gegen ihren Willen mit jemandem verheiratete, als sie geschieden war. Da kam sie zu Allahs Gesandtem, und er erklärte die Ehe für ungültig.«
Cem ist sichtbar durcheinander. Eigentlich will ich ihm noch von Rüdiger Nehberg erzählen, einem Autor und Aktivisten aus Hamburg, der seit Jahren unermüdlich im Kampf gegen diese dritte, nicht minder grauenvolle Praxis im *Namen des Islam* antritt: die Genitalverstümmelung (FGM, was im Englischen für *female genital mutilation* steht). Davon, dass die Frau ein natürliches Recht auf körperliche Unversehrtheit habe, dass Extremisten die Genitalverstümmelung mit Verweis auf den Koran einforderten und unter Zwang durchsetzten, wenngleich sie, wie so vieles andere auch, keinesfalls mit dem Islam zu vereinbaren sei, und dass es erklärtes Ziel sein müsse, diese barbarische Verstümmelung ein für alle Mal aus der Welt zu schaffen.

Doch ich erkenne, dass ich Cem damit heute nicht mehr erreiche. Er blickt mich eine Zeitlang stumm an, dann erhebt er sich, reicht mir wortlos die Hand und geht. Cem hat genug gehört für diesen Nachmittag.

Irrtum 20: »Sklaverei ist erlaubt – Frauen unterstehen den Männern.«
An Aufwühlendem, Erschütterndem ist mir in meiner Seelsorger-Tätigkeit hinter Gittern so gut wie nichts erspart geblieben. Doch gibt es Lebensgeschichten, die mich zutiefst betroffen machen und entsprechend mitnehmen. Ich bin dann jedes Mal dankbar, wenn ich am Abend mit

meiner Frau – sie ist Psychologin und zugleich meine Seel-
sorgerin – darüber reden kann, ohne natürlich meine
Schweigepflicht zu verletzen. Es sind dies jene Erzählungen, die ins tiefdunkle Kapitel der Sklaverei eintauchen.
Sklave zu sein, heißt, ein Dasein jenseits der Grenze des
Vorstellbaren fristen zu müssen. Es bedeutet, nicht länger
Mensch zu sein, keinerlei Rechte zu haben, auf den letzten Tropfen Blut ausgebeutet zu werden, gegen seinen
Willen festgehalten, systematisch und über Jahre hinweg
misshandelt und bisweilen gefoltert. Höre ich dann von
radikalisierten Häftlingen, all das geschehe im Namen Allahs, aus einer natürlichen, gottgewollten Ordnung heraus, so ist dies an Dreistigkeit und Infamie wohl kaum zu
überbieten.

Die Geschichte der Sklaverei ist eine, die in die frühesten Hochkulturen der Menschen zurückführt, wo sie unter anderem auch in dem berühmten babylonischen *Codex
Hammurapi* vermerkt ist. Heute ist die Sklaverei weltweit
offiziell abgeschafft, doch nur allzu gut wissen wir, wie es
um dieses Verbot bestellt ist, wie gegenwärtig Sklaverei ist
– anzutreffen im Kleid verschiedenster Lebensumstände:
sei es als Kinderarbeit oder Rekrutierung von Kindersol-
daten, sei es in Form von Zwangsprostitution oder politischer Gefangenschaft, sei es durch wirtschaftliche Ausbeutung infolge prekärer Arbeitsverhältnisse – bis hin zur
»klassischen Leibeigenschaft«. Zuletzt im großen Stil in
Nordamerika gepflogen (ehe der vier Jahre anhaltende
Sezessionskrieg, besser bekannt als Amerikanischer Bürgerkrieg, der Leibeigenschaft der schwarzen Bevölkerung

endlich ein Ende gesetzt hat), praktiziert der IS diese auch heute mit unerschütterlichem Selbstverständnis.

Hauptbetroffene der Unterwerfung sind Ungläubige und Frauen – Letztere auch oder vor allem im eigenen Haus. Die Frau darf das Heim nur mit Billigung des Mannes verlassen. Die Aufgaben sind in dieser Welt der Unterdrückung klar definiert: das Gebären von (möglichst männlichen) Kindern. Erziehung, Haushaltsführung, Erfüllung aller herrschaftlichen Wünsche, insbesondere der sexuellen. Ansonsten: schweigen.

Abermals müssen Passagen aus Koran und Sunna für haarsträubende »Belege« herhalten, um den extremistischen Anspruch auf Allwissenheit zu legitimieren. Die zur Schau gestellte Überlegenheit sei der Schöpfung geschuldet, sprich: der *von Natur aus höheren Stellung des Muslims kraft seines Glaubens*. Ungläubig *und* Frau zu sein, erweist sich demzufolge als doppelt bitter. Es liegt noch nicht allzu lange zurück, dass die einer Herrenrasse sich zugehörig Fühlenden Ähnliches behauptet haben, und ich halte diesen Vergleich keineswegs für überzogen.

Während der IS heute alles tut, um die Sklaverei wiedereinzuführen, hat der Prophet alles getan, um sie abzuschaffen, und hält dazu fest: »Oh ihr Menschen! Euer Gott ist Einer und euer Stammvater ist einer. Ein Araber ist nicht besser als ein Nicht-Araber, und ein Nicht-Araber ist nicht besser als ein Araber, und ein hellhäutiger Mensch ist nicht besser als ein dunkelhäutiger Mensch, außer in der Frömmigkeit.«

Dass nur die allerwenigsten dieser von IS-Sympathisanten oder Kämpfern versklavten Frauen sich zur Wehr setzen, ist ein zusätzliches Kapitel der Bitterkeit. Es hat mitunter mit einem eklatanten Mangel an Bildung zu tun. Unwissen leistet Vorschub. Und indem die Betroffenen oftmals Analphabetinnen sind, erliegen sie der Manipulationskunst ihrer Männer. Sie erliegen dem Glauben an unbedingten Gehorsam und an ein Bild, das sie über Generationen eingeimpft bekommen und verinnerlicht haben und uns bereits tief in das folgende Kapitel führt.

Diese Frauen sind, so unglaublich es klingen mag, oft genug überzeugt, sie würden einem gottbefohlenen Weg folgen.

Dem Willen Allahs.

DAS FRAUENBILD DER EXTREMISTEN

»Was würdet ihr davon halten, wenn ich euch erzähle, dass der Prophet Muhammad seinerzeit ... unter einer Frau gedient hat? Als ihr ... sagen wir es mit heutigen Worten ... als ihr Mitarbeiter? Ihr ... Angestellter? Ihr ... Untergebener?«

Es brodelt und köchelt. Die Aufregung unter den mehr als dreißig Gefangenen ist groß beim wöchentlichen Freitagsgebet in der Anstaltsmoschee der Justizanstalt Josefstadt, als diese Worte fallen. Von Erstaunen über ungläubiges Entsetzen bis hin zu heller Empörung reicht die Palette an Gefühlen, die in den Augenpaaren aufblitzen und mir auch als offene Feindseligkeit entgegenschlagen.

Ich habe diesen Weg der Provokation bewusst gewählt, denn in der Vorwoche, ganz zum Schluss der Gesprächsrunde, hat mich diese Frage eines Häftlings ereilt. Hakan, ein Türke, 22 Jahre alt, wegen schwerer Körperverletzung in Haft. Sein Beispiel steht allumfassend für das immer noch so weit verbreitete, innerislamische Frauenbild wie selten eines, das ich hinter Gefängnismauern erlebt habe.

Von Hakan weiß ich, dass er einen Sohn hat, keine drei Jahre alt. Dass arge finanzielle Nöte die kleine Familie fest im Griff haben. Dass seine Frau, gelernte Verkäuferin, trotzdem nicht arbeiten geht, weil er es ihr untersagt. Dass es auch deshalb seit geraumer Zeit zwischen den beiden schwer kriselt. Und dass die Schwiegereltern ihnen schon wiederholte Male unter die Arme haben greifen müssen. Und ich kenne auch Hakans allgemeines Verständnis für und von Frauen, abzulesen daran, welche Rolle er seinen beiden Schwestern im Leben zuspricht, vor allem der jüngeren, *dieser Schlampe*, weil sie mit einem Bosnier zusammen ist, den er, Hakan, abstechen werde, wenn er erstmal hier raus sei. Man würde es Hakan dem ersten Augenschein nach nicht zutrauen, so schmächtig, wie er ist, mit dem Körperbau eines kaum Fünfzehnjährigen, eine Erscheinung, die man hier in Österreich *Bürscherl* nennt, doch tatsächlich schlummert in diesem jungen, erwachsenen Mann ein nicht zu unterschätzendes Potential spontaner, massiver körperlicher Gewalt. Und indem er mir diese Frage mit leicht süffisantem Unterton stellt, sucht er anscheinend auch nach einer theologischen Untermauerung.

»Ramazan Hodscha«, hebt Hakan an, »Ein Zellennachbar hat gesagt, wir dürfen die Frauen schlagen. Sie erzählen uns aber immer das Gegenteil. Was stimmt jetzt?«

»Warum glaubst du, es könnte stimmen?«

»Es steht geschrieben.«

»Wer hat das behauptet?«

»Hashim.«

Ich nicke bedächtig, ohne den beiden rechtgeben zu wollen. Bloß, weil es mich nachdenklich stimmt, den Namen Hashim zu hören. *Hashim.* Der Algerier. Natürlich. Der schon wieder. Ein Extremist vom Scheitel bis zur Sohle. Eine Art nobler Revoluzzer, der mich keineswegs meidet, sondern mir stets gegenübertritt, als käme er gerade von einem Businesstermin. Akkurat gekleidet, mit feiner Hose, Hemd, fast schon im sommerlichen Geschäftsführer-Look. Beinahe schnöselig. Doch alles andere als ein Salon-Revoluzzer. Seine Welt des Aufruhrs ist eine sehr reale, eine von radikalem Gedankengut zutiefst durchdrungene.

»Wie seid ihr darauf gekommen? Ich meine, auf das Thema?«

»Beim Essen. Mein Freund hat ihm von seiner Frau draußen erzählt. Dass sie jetzt, wo er in Haft sitzt, arbeiten gehen will. Und dass sie sich scheiden lassen will. Das darf nicht sein.«

»Und Hashim hat gesagt, er dürfe sie ruhig schlagen, es stehe so im Koran?«

»Ja, Ramazan Hodscha«, meint Hakan nun. »Er hat es uns später sogar vorgelesen. Und gezeigt. Wir haben es also selbst gehört und gesehen: Da ist *wadribuhunna* gestanden. *Schlagen.*«

Mittlerweile haben sich zwei Mitinsassen an Hakans Seite gesellt, alle beide wie zum Flankenschutz eifrig nickend. Ob sie demzufolge von mir einen Freibrief wollten, ihre Frauen und Schwestern zu schlagen, frage ich, und ob sie es in Ordnung fänden, dann auch gleich ihre eigenen Mütter zu verprügeln?

Beim Wort *Mütter* zucken alle drei zusammen, denn Mütter genießen im Islam eine herausragende, besonders verehrungswürdige Stellung. Das allein liegt schon darin begründet, dass schlechte Behandlung eines Elternteils, egal ob Vater oder Mutter, zu einer der allergrößten Sünden zählt, die ein Muslim begehen kann.

»Das Paradies liegt unter den Füßen der Mütter«, sage ich.

Alle drei sehen mich zweifelnd an.

»Das sind die Worte des Propheten«, sage ich, »festgehalten in einem Hadith.« Und augenblicklich fällt mir eine weitere Überlieferung ein, die ich erst vor ein paar Tagen wieder einmal nachgeschlagen und daher noch frisch und wortwörtlich in Erinnerung habe:

»Ein Mann kam zum Propheten Muhammad und sagte: ›O Gesandter, wer hat am meisten Anspruch auf meine gütige Kameradschaftlichkeit?‹ Der Prophet sagte: ›Deine Mutter!‹ Der Mann fragte weiter: ›Wer sonst?‹ - ›Deine Mutter.‹ - ›Wer sonst?‹ - ›Deine Mutter.‹ - Und erst beim dritten Mal sagte der Prophet: ›Dann dein Vater.‹«

Alle drei sehen zu Boden, treten unruhig auf der Stelle. Danach ziehen sie, einigermaßen verunsichert, vor allem aber beschämt von dannen. Dennoch ist mir klar, dass dieses Thema wieder einmal aufs Tapet muss. Im großen Stil. Gleich beim nächsten Freitagsgebet. Insbesondere auch dieses eine Wort betreffend, das so viele Fehlinterpretationen zeitigt:

Wadribuhunna.

Die Vorsilbe *wa* steht für *und*, das angehängte *hunna* für (*auf*) *sie* und der Wortstamm *dribu* wird hergeleitet vom arabischen: *daraba*. Darin liegt das Übel begraben, sodass Extremisten, immer wieder aber auch Gelehrte den Ausdruck *wadribuhunna* übersetzen mit: und schlagt sie. Die Vielzahl möglicher Bedeutungen des Wortstamms *dribu* (*daraba*) macht es möglich, denn es gibt gleich siebzehn zur Auswahl: schlagen, sich trennen, sich abwenden, einschließen, spielen, schreiben, läuten, anführen, multiplizieren, umherziehen, reisen, sich paaren, prägen, zusammenmischen, brechen, streiten ... und: *verlassen*. Sie ist diejenige, auf die der Prophet wiederholte Male Bezug nimmt und dabei auch gleich die Themen Beziehung, Ehe und Scheidung einbezieht: *verlassen*.

Dennoch übersetzen auch viele Islam-Gelehrte *daraba* heute noch mit *schlagen* – wohlwissend, der Prophet hat so etwas zeitlebens nie getan und hätte so eine Deutung auch niemals gutgeheißen. Desgleichen findet sich im Koran kein einziger Aufruf, die Frauen zu schlagen. Weshalb sie im selben Atemzug abschwächen, da sie sagen: Nun ja, schon schlagen. Aber nur mit einem Klaps. Mit einer Feder. Mit einem Finger.

»Also«, fahre ich fort, als sich die erste Aufregung wegen Muhammad und seiner Dienerschaft unter einer Frau etwas gelegt hat. »Wer weiß Näheres dazu?«

Schweigen da. Verhaltenes Murren dort.

»Zu Lebzeiten des Propheten«, erläutere ich, »gab es bedeutende Frauen. Muhammad hat das Ansehen dieser Frauen gefördert, hat ein für damals revolutionäres Frauenbild gepredigt. Und dieses auch gelebt.«

Ich erzähle ihnen von Khadija. Muhammads erster Frau. Seiner Chefin. Eine Geschäftsfrau, im Karawanenhandel tätig, mit Muhammad in ihren Diensten, bis ihn, im Alter von vierzig Jahren, die Prophetenschaft ereilt habe. Und ich erzähle ihnen von Aisha, Muhammads letzter Frau. Von ihrem Leben als Lehrerin, als Theologin, die auch vor Männern gepredigt habe, mit beiden Beinen fest im Leben stehend und nicht willfährige Sklavin eines Herren. Ich erzähle von der Stellung Maryams im Koran, der ehrenhaften Mutter Jesu Christi also, und davon, wie sehr Muhammad sie verehrt und geachtet habe allein dafür, den Propheten Jesus großgezogen zu haben. Und ich spreche von Fatima al-Fihri, Gründerin der ersten Universität weltweit, rund zweihundert Jahre nach Muhammad. Von wegen Frauen also, die im Islam keinerlei Bedeutung und Stellung hätten. Jenes Bild, das heutzutage in der islamischen Welt immer noch weitverbreitet herrsche und Frauen in die Rolle von Putzfrauen, Köchinnen oder Gebärmaschinen dränge, gehe allein auf Ursprünge von Kultur und Tradition zurück. Mit der Botschaft Allahs im Koran und mit den Worten des Propheten habe das rein gar nichts zu tun. Auch wenn das so gerne vermengt werde, um die Machtansprüche von Männern über Frauen als gottgewollt, nein, gottbefohlen darzustellen.

»Sind Männer und Frauen also gleich?«, fragt Hakan. Er ist auch diesmal zum Freitagsgebet erschienen.

»Natürlich sind sie das. Mit allen Rechten und Pflichten. Der Koran sagt dazu: ›*Ich lasse kein Werk eines Gutes Tuenden von euch verlorengehen, sei es von Mann oder Frau, die einen von euch sind von den anderen.*‹ Ihr könnt das gerne nachlesen. Sure 3, Vers 195. Und ein Hadith besagt folgendes: ›Der Beste unter euch ist der, der am besten zu seiner Ehefrau ist.‹«

Apropos Hadithe: Nicht jeder Hadith ist auch die Sunna des Propheten. Oberstes Gebot muss also immer sein, die Authentizität dieser Überlieferung sicherzustellen. Auch das versuche ich, den Gefangenen an einfachen Beispielen klarzumachen. Wie etwa folgende zwei, Muhammad zugesprochene, doch frei erfundene Hadithe:

»*Beratet auch mit eurer Frau und macht das Gegenteil dessen, was sie sagt.*«

Oder:

»*Der Verstand bei den Frauen ist nicht vollständig.*«

Unverstand also, was den Frauen hier fälschlicherweise unterstellt wird. Dabei setzt der Unverstand ganz woanders ein – nämlich beim Unwissen der vielen Muslime über die Bedeutung der Ehe. Darüber, was den Sinn einer Partnerschaft ausmacht, wie wichtig Ruhe und Frieden miteinander sind. Der Koran findet hierfür klare Worte: »*Allah hat aus euch selbst Ehepartner erschaffen, damit ihr bei ihnen Geborgenheit, Ruhe und Zufriedenheit findet; und Er hat Zuneigung und Barmherzigkeit zwischen euch gesetzt.*« (30:21) Wie auch: »*Eure Ehefrauen sind euch Schutz und Wärme, und ihr seid ihnen Schutz und Wärme.*« (2:187) Und an anderer Stelle heißt es dazu: »*Die gläubigen Männer und die gläubigen Frauen sind einander Freund, Beschützer und Helfer.*« (9:71)

Doch auch für den Fall einer gewünschten Trennung stellen der Koran und die Sunna sich nicht gegen die Wünsche der Menschen, sprich: gegen eine Scheidung. Diese ist im Islam (anders als im katholischen Glauben) durchaus vorgesehen.

Es gibt keinen Zwang im Glauben – bestes und so heiß diskutiertes Beispiel hierfür ist das Kopftuch. Frauen zum Tragen zu zwingen, ist aus islamischer Sicht verboten.

Eine religiöse Pflicht, eine Kopfbedeckung zu tragen, besteht für die absolute Mehrheit der Gelehrten sehr wohl. Doch sind Zwang und Pflicht zwei Paar gänzlich verschiedener Schuhe. Soll heißen: Es bleibt letzten Endes immer der Frau selbst überlassen, ob sie es tut oder nicht. Selbstbestimmung gilt auch hier als oberstes Prinzip. Das gleiche gilt für das rituelle Gebet: Pflicht ja, Zwang nein.

Zurück beim Freitagsgebet: Wir sprechen gerade über die Familie und ich trage eine Aussage des Propheten vor, in dem es sich um die Gleichwertigkeit von Geschwistern dreht. »Einmal kam ein Mann zum Propheten Muhammad und bat darum, dass der Prophet Zeuge für eine Schenkung an seinen Sohn sein solle. Als der Prophet erfuhr, dass der Mann seinen übrigen Kindern nicht das gleiche schenken wollte, lehnte er die Zeugenschaft ab.« Und das andere: »Sei gerecht und gleich, wenn du deinen Kindern Geschenke machst. Wenn ich irgendeinem Geschlecht den Vorrang über dem anderen geben müsste, hätte ich dem weiblichen den Vorrang gegeben.«

Abermals ergreift Hakan das Wort: »Imam, soll das jetzt heißen, dass ich meine Schwester bedienen muss?« Gelächter ringsum.

»Und als sie deine Dienerin war, war die Welt in Ordnung?«

Hakan lächelt verlegen, sagt aber kein Wort. Dieser junge Mann da vor mir ist das allerbeste Beispiel für die nach wie vor gelebte Sitte, Frauen zu unterdrücken im Glauben, es geschehe im Einklang mit dem Islam. Dabei ist es nicht mehr als das: eine Sitte, eine Tradition, die mit der Religion nichts gemein hat. Wie so viele andere Benachteiligungen, denen Frauen unterworfen sind: sei es das Verbot, eine Arbeit anzunehmen, sei es, sich weiterzubilden, ein selbstbestimmtes Leben zu führen, ohne den Mann für alles um Erlaubnis zu bitten. Endlos ließe sich diese Reihe fortsetzen.

Und so ist das Frauenbild im Islam kontroversiell wie kaum ein anderes – an kaum einem anderen Thema offenbart sich, wie wenig die Menschen zwischen Kultur und Tradition auf der einen Seite und Religion auf der anderen zu unterscheiden wissen.

WAS EXTREMISTEN WOLLEN

Mit einem einzigen Schlagwort umfasst, ließe sich das Kapitel zu den Zielen der religiösen Fundamentalisten des IS auch gleich wieder schließen. Es ist der bereits als Postulat angeführte Irrtum 3 der zwanzig klassischen Irrtümer, der da lautet:

Weltherrschaft.

Nicht weniger, aber auch nicht mehr. Ein allumfassendes Erdenglück muss her. Als angebliches Vorausglück eines noch größeren paradiesischen. Und zwar für alle, die sich freiwillig verblenden lassen oder wenigstens auf eine Weise unterjochen, dass ihnen nicht gleich die Köpfe abgeschlagen werden müssen. Geleitet unter der Flagge des Islam, die als Banner des Biegens und Brechens missbraucht wird. Das Biegen und Brechen einer der drei großen monotheistischen Weltreligionen, die man für machtgierige Zwecke beliebig fehl- beziehungsweise missdeutet. Und das Biegen und Brechen der überwältigenden Mehrheit von Andersgläubigen, aber auch Andersdenkenden aus den *eigenen Reihen*, was natürlich so nicht stimmt, denn als eigene Reihen sehen Extremisten die allermeisten Muslime ja nicht an – sie sind Abtrünnige, Verräter. Gegen sie wird mit fast noch gnadenloserer Härte vorgegangen als gegen die bloßen *kāfir*, die Ungläubigen wie Christen, Juden, et cetera.

Das Heraufbeschwören des totalen, globalen Chaos, um es hernach nach neuen Maßstäben zu ordnen und zu verwalten. Selbstverständlich haben Extremisten da so ihre verfeinerten Vorstellungen, ihre Unterparagraphen sozusagen, wie diese Weltherrschaft auszusehen hätte. Oder erst mal zu erreichen wäre. Aber auf alle Fälle ist es die Aussicht, das repressive System *westlicher* Herrschaft zu überwinden (in Wirklichkeit bedeutet es bloß den Wechsel von einem repressiven politischen in ein angeblich religiöses, tatsächlich noch bedeutend repressiveres und ebenfalls hoch politisches System, das wiederum nur eine Handvoll Mächtiger kennt und eine große Masse von Befehlsempfängern). Wer wird denn da so genau sein? Der Weg ist das Ziel.

Natürlich weist auch diese vom IS angestrebte, neue Gesellschaftsform ihre Regeln auf. Und die lassen mitunter keinerlei Spielraum, sind bis ins kleinste Detail klar umrissen: keine Gleichstellung der Geschlechter (der Mann als Alphatier mit einer bedingungslos dienenden Frau – sie muss ihm blind folgen, ihm dienen wie eine Sklavin, zuhause sein, jederzeit verfügbar, auch in sexueller Hinsicht); Abschaffung der Meinungsfreiheit (zuallererst in Religionsfragen); radikale Beschneidung der Pressefreiheit (jeder kritische Bericht muss auf der Stelle diffamiert werden); Kopftuchzwang innerhalb muslimischer Familien, und außer Haus nur in Vollverschleierung, also im Niqab; zugeteilte Ehen als ideale Form der Partnerfindung; ein Gottesbild, das die Menschen von Kindebeinen an das Fürchten lehrt und sie klein und frei von Widerspruchsgeist hält; die Heilung der (99 Prozent aller) Muslime von ihrem kranken Leib, der sich *falsches Islamverständnis* nennt – und das Penizillin heißt: Islamischer Staat. Mittel und Wege zu diesem Ziel sind alle recht, die nicht nach Demokratie schmecken. Wer für die *gute Sache der großen Erlösung* kämpft, wird darin geschult, alle diesseitigen Ängste abzulegen, allen Fokus auf die Verlockungen des Paradieses zu legen – seien es die versprochenen Jungfrauen, sei es der himmlische Luxus (dass er dabei dem zuvor verteufelten, irdischen, dem der unterworfenen Todfeinde aufs Haar gleicht, tut nichts zur Sache). Dem Schrecken des Terrors wird eine ästhetische Note verpasst. Das nimmt dem Schrecken des eigenen Endes wiederum seinen Schrecken, immunisiert gegen den Tod. Heldentum ist Programm. Wahre Männlichkeit wird erst darin sichtbar.

Aber auch wahre Weiblichkeit. Denn auch immer mehr Frauen verfallen dem Trugbild eines weltumspannenden Kalifats unter Auflösung aller Nationalstaaten. Indem sie sich aus freien Stücken einem IS anschließen, erkennen sie zwar bewusst ihren gesellschaftlich niederen Status an, doch sind sie in ihrer Unterdrücktheit nicht allein.Sie befinden sich darin über weite Strecken auf einer Ebene mit den Männern, denn viele Verbote und Gebote gelten in dieser neuen Weltordnung für beide Geschlechter gleichermaßen. In der mit den Männern erlebten Repression, so paradox es klingen mag, erhoffen diese Frauen sich so etwas wie ein verqueres Erleben von Gleichberechtigung. Und obendrein erfahren sie eine Aufwertung durch eine

Vielzahl von Aufgaben, die ihnen der IS überträgt (indem sie beispielsweise die Helden von morgen gebären und heranziehen oder ihre Männer in ihrer Tätigkeit als *Missionare* stärken oder auch im Sicherheitsdienst des IS arbeiten. Oder in der Gerichtsbarkeit).

So archaisch Denkmuster und Gräuel der Extremisten sind, so modern und unberechenbar ist die Art ihrer Kriegsführung. Terroranschläge werden zum Medienspektakel gemacht, bewusst Plätze zum Ziel erkoren, wo man um die Präsenz vieler Kameras weiß. Sie sollen die Bilder in alle Welt hinausjagen. Oder Terroristen tragen gleich selbst Körperkameras, die jeden bis zum großen Knall Schritt in Echtzeit festhalten und, zeitlich nur kurz versetzt, ins Netz stellen. Auch versenden immer mehr Selbstmordattentäter oder solche, die ihren Tod im Kampf voraussetzen oder gar provozieren, vorab Todesanzeigen ihrer selbst. Lebenslauf und Nachruf inklusive.

Nachdem eine Hochburg des *Islamischen Staates* um die andere gefallen ist, hat man das Kriegsgebiet längst nach Europa ausgeweitet. Hier, im Kernland des demokratischen Teufelswerkes, gilt es, größtmögliche Instabilität der Gesellschaft zu erzeugen. Ein klarer Strategiewechsel, der auch einen bedeutend geringeren Personalaufwand mit sich bringt. Jeder einzelne Bürger soll nach Möglichkeit auf Dauerfurcht getrimmt sein. Das Gefühl einer *Rund-um-die-Uhr-Alarmiertheit*. Ein kollektives Justieren auf Angst, weil man immer und überall mit Anschlägen rechnen muss. Ein Überleben, ja: Überleben-*Müssen* in dieser verderbten Gesellschaft missrät dann fast schon zur Strafe, weil es einen Dauerschockzustand darstellt. Zusätzlich befeuert wird die Anspannung durch nationalen, politischen Populismus, der die Gesellschaft weiter entzweit, der jene Muslime, die bis dahin womöglich noch wankelmütig waren, als Folge von Ausgrenzung und Diffamierung geradezu in die Arme Radikaler treibt. Zwar belegt eine Studie des *Nationalen Konsortiums für Terrorismus und Terrorabwehr* der Universität Maryland (USA), dass im Jahr 2016 von den 34.000 bei Anschlägen ums Leben gekommenen Menschen »nur« ein Prozent aus Westeuropa stammt (dafür 97 aus dem Nahen Osten), doch ist in Europa zuletzt ein starker Anstieg von Attentaten mit Fahrzeugen zu verzeichnen – eine Taktik, die ganz besonders die Verletzlichkeit einer Gesellschaft offenbart, weil es kein tatsächlich wirksames Gegenmittel gibt.

Genau darum geht es – dieses von Furcht vor Terroristen zerfressene Verständnis in die Köpfe der verhassten *Westler* einzubrennen: Wir sind unter euch, und wir werden kommen. Bloß: Ihr wisst nicht, wer. Ihr wisst nicht, wo. Ihr wisst nicht, wie. Und: Ihr wisst nicht, wann.

WAS ZU TUN IST

Eines vorneweg: Gegen Extremismus gibt es kein Patent-
rezept, das man wie ein Breitband-Antibiotikum in der be-
rechtigten, auf jahrzehntelanger Erfahrung basierenden
Annahme verabreicht, die Infektion wäre flächendeckend
bekämpft und in dieser und jener Zeit ausgestanden.
De-Radikalisierung gleichsam auf Krankenschein. Wer
also behauptet, dieses Mittel zu besitzen, wer vorgaukelt,
den gordischen Knoten mit einem einzigen Hieb durch-
schlagen zu können, angelt im trüben Meer der Scharla-
tanerie und stellt sich in gewisser Weise auf eine Stufe mit
den Extremisten selbst, denn auch sie geben bekanntlich
vor, auf die schwierigsten Fragen menschlichen Lebens
und Zusammenlebens die allereinfachsten Antworten zu
kennen.

Dennoch gibt es eine Reihe vorbeugender Maßnahmen,
die in Summe so etwas wie eine Strategie ausmachen
könnten. Allein in Deutschland wird die Zahl radikalisierter Muslime auf zehntausend geschätzt, darunter einige
tickende Zeitbomben. Doch worin liegt der Sinn, immer
bloß Feuerwehr zu spielen, immer bloß die rauchenden
Trümmer wegzuräumen, Polizei- und Militärapparate unentwegt hochzurüsten und Geheimdiensten den Blick in
den hintersten Winkel unseres Privatlebens zu ermöglichen? Das sind allenfalls (und nur mäßig taugliche) Waffen gegen die Symptome, niemals aber gegen die Ursachen

– wiewohl die Politik uns genau das weismachen will mit dem Totschlagargument, Demokratie und Freiheit ließen sich gegen das Böse, das Radikale nur bewahren, indem man sie (ähnlich radikal) beschneidet.

Stattdessen muss die europäische Gesellschaft endlich begreifen und verinnerlichen, dass zwischen dreierlei strikt unterschieden werden muss:

- Religiosität ist nicht gleich Radikalität
- Kultur/Tradition ist nicht gleich Religion
- Muslime handeln nicht immer im Einklang mit dem Islam, das eine darf also mit dem anderen nicht gleichgesetzt werden

Wachsamkeit und Achtsamkeit – diese beiden Leitworte möchte ich dem voranstellen, was unsere Gesellschaft (vergleichbar mit einer Grippe-Schutzimpfung) vorbeugend und aus eigener Kraft tun kann, ohne den starken Arm des Staats vorauszuschicken, um spätestens nach dem nächsten Anschlag entsetzt aufzuschreien, wenn das Allheilmittel abermals versagt hat, wenn abermals durchsickert, dass Terroristen zwar die längste Zeit auf dem Radar der Staatsschützer aufgeblinkt hätten, aber aus welchen Gründen immer nicht an der Umsetzung ihrer Verbrechen gehindert worden sind. Big Data ist, wie man weiß, nicht die Lösung.

Aus meiner Erfahrung als Gefängnis-Imam, ebenso aber aus meinem bloßen Verständnis als kritisch denkendes Mitglied einer offenen, modernen Gesellschaft, ergibt sich eine Vielzahl von Möglichkeiten, nein: *Pflichten*, der Radikalisierung junger Muslime vorzubeugen oder ihr dort, wo sie bereits stattgefunden hat, entschieden und wirksam entgegenzutreten. In einer schnellen Vorab-Übersicht sind das folgende Punkte:

- Früherkennung von Radikalisierung
- Prävention an den Schulen
- Aufklärung von Andersgläubigen über den Islam unter Einbeziehung aller Medien wie auch Abkehr von systematischer Ausgrenzung und Vorverurteilung
- Innerislamische Debatte & Maßnahmen innerhalb des muslimischen Teils der Gesellschaft, auch die Bereitschaft zur Integration betreffend
- Politisches Gegensteuern anstelle des Münzens von populistischem Kleingeld, um eine noch tiefere Spaltung der Gesellschaft zu unterbinden
- Massiver Ausbau der seelsorgerischen Betreuung in den Gefängnissen (wenn also bereits Feuer am Dach ist), um die Quote der De-Radikalisierung weiter nach oben zu treiben

*

»Europa wird brennen!«

Ich habe auf dem Nachhauseweg an jenem Nachmittag lange nachgedacht. Zum einen über diesen mich wie ein Plakatspruch anspringenden Satz, den Necip mir entgegengeschleudert hat, über diese blassdiffuse und zugleich doch sehr konkrete Bedrohung, die da mitschwingt. Und zum anderen darüber, was ich alles über den radikalen

Werdegang dieses jungen Mannes türkischer Abstammung erfahren habe. Weil seine Geschichte so mustergültig aufzeigt, was aus dem Ruder laufen kann, wie Frühzeichen einer Radikalisierung nicht erkannt oder beiseitegeschoben werden.

»Die Ungläubigen werden sich gegenseitig bekämpfen.«

»Sprichst du von Bürgerkrieg, Necip?«

»Was sonst! Attentate werden kommen, Imam. Verstehen Sie? Noch mehr Attentate. Bomben. Schießereien. Lkw. Scheißegal. Bis die Europäer untereinander kämpfen. Weil sie die Muslime dann noch mehr hassen. Nicht-Muslime machen Krieg gegen Muslime. Muslime machen Krieg gegen Nicht-Muslime.«

Necip hat ein kleines, rundes, glattrasiertes Gesicht und trägt eine Stoppelfrisur. Er ist von ausgesprochen schmächtiger Statur. Doch der Trotz in seinen Augen ist alles andere als *schmächtig*. Auch eine Portion herausfordernder Abgeklärtheit findet sich darin. Necip ist nicht unbedingt der Gebildetste, wie an Wortwahl und Inhalt unschwer zu erkennen ist. Ein eher schlichtes Gemüt. Und doch blitzt in seinen Ausführungen immer wieder eine Art Grundverständnis für die Vision extremistischer Kräfte auf – nämlich zu provozieren, zu polarisieren, die Spaltung der westlichen Welt auf die Spitze zu treiben, politische Systeme ins Wanken zu bringen, Regierungen zu destabilisieren, zu kippen und letztlich die Gesellschaft als Ganzes ins Chaos zu stürzen.

Bauernschläue, habe ich mir sagen lassen, sagt man in Österreich gerne zu dieser Art von Basisklugheit, die Necip an den Tag legt. Und mit eben dieser Bauernschläue hat ein Necip, wie ich seinen Erzählungen mehr und mehr entnehme, es auch verstanden, den Vollzug des eigenen Wandels zum Extremisten vor seinem engsten Umfeld zu kaschieren.

Natürlich ist jeder Fall gesondert gelagert, doch im Prinzip sind es die immergleichen Verhaltensmuster, die bei Eltern, Verwandten, Freunden oder Lehrern die Alarmglocken schrillen lassen sollten, insbesondere, wenn diese Muster nicht vereinzelt, sondern im Verein auftreten. Wenn also Jugendliche plötzlich beginnen, ihre Rhetorik stark zu verändern, eine symbolhafte Sprache annehmen; wenn sie beginnen, sich massiv von ihrem gewohnten Umfeld abzukapseln, neue Freunde um jeden Preis verheimlichen; wenn Geschwister oder Eltern für ihre un-islamische Lebensweise angeprangert, ja verteufelt werden; wenn in Streitgesprächen nur noch formelhafte Antworten folgen; wenn der Glaube wie aus dem Nichts zum alles beherrschenden Thema wird; wenn die Einhaltung islamischer Regeln (*halal/haram*) vehement eingefordert wird; wenn das andere, sprich weibliche Geschlecht generell herabgewürdigt oder auch bloß innerhalb der Familie, des Freundeskreises abgewertet wird; wenn Versuche von Missionierung gestartet werden; wenn die Werte einer Demokratie verächtlich gemacht werden; wenn Äußerlichkeiten auf einen radikal veränderten Lifestyle verweisen (wallende Gewänder; Sticker gegen Alkoholkonsum, T-Shirts mit arabischen Schriftzeichen, beispielsweise mit der *Shahada*, also dem islamischen Glaubensbekenntnis, wie ich es bei einem jungen Häftling in der Josefstadt einmal erlebt und dem ich rasch begreiflich gemacht habe, welche Außenwirkung er damit erzielt – denn das Zusammenspiel der Farben Schwarz und Weiß bei der *Shahada* erinnern an die markante Flagge des IS).

Dies und manches mehr. Doch, wie gesagt: Keine dieser Veränderungen für sich genommen bedeutet schon, dass ein Sohn, eine Tochter, ein Schüler, eine Schülerin, ein Freund, eine Freundin in die Fänge von Fundamentalisten geraten und die Indoktrinierung bereits voll im Laufen sein muss. Jedes für sich allein kann zum Zeichen von Provokation stehen, von Abnabelung von der Welt der Erwachsenen, vom nicht-muslimischen Teil der Gesellschaft, ohne deshalb gleich radikales Gedankengut zu verinnerlichen. Das Zusammenspiel, das gehäufte Auftreten der Faktoren macht es aus.

Aber wenn es nun doch so ist ... was tun?

Eines jedenfalls nicht: Augen verschließen oder wegschauen. Meist sind es die Eltern, die Alarm schlagen. Und meist kommen sie spät, zu spät. Wenn überhaupt. Die Möglichkeiten gegenzusteuern, sind durchaus gegeben. Etwa das Gespräch mit den Jugendlichen suchen, dabei aber heikle Themen (zum Beispiel Religion) bewusst aussparen, Hobbys in den Vordergrund stellen. Kein prinzipielles Verdammen neuer Ansichten, sondern vorsichtiges Interesse bekunden, et cetera. Und, wenn nichts fruchtet, wenn die Verbindung verlorenzugehen droht, sich rechtzeitig Beistand holen – bei Seelsorgern, Imamen, Psychologen, privaten Beratungs- oder auch behördlichen Stellen, Ämtern, Polizei. Rechtzeitig bedeutet aber auf jeden Fall lange, sehr lange bevor jemand begonnen hat, das Netz nach Bombenbauplänen zu durchforsten oder bereits in den Krieg gezogen ist.

*

Menschen außerhalb des gewohnten Umfeldes zu treffen, kann einen schon einigermaßen verwirren. Etwa, wenn man diesen Menschen nur in Uniform oder anderer Arbeitskleidung kennt. Und so zucke auch ich innerlich zusammen, da ich eines Morgens in der Justizanstalt Josefstadt eine wohlvertraute Stimme höre, die keinesfalls hierhergehört und mir von weitem hinterherruft:

»Hallo, Imam!«

Ich fahre herum, und als ich das Gesicht zur Stimme sehe, klingelt es bei mir.

»Ishak?«

Ohne Eile schlendert der junge Tschetschene heran. Augenblicklich kommt er der stummen Frage in meinem Gesicht zuvor. »Ich wollte eine Bank überfallen.«

»Eine Bank?«

»Wir haben Geld gebraucht. Meine Freunde und ich. Wir wollten nach Deutschland.«

»Deutschland?«, frage ich, verblüfft über dieses Zusammentreffen. Denn ich kenne Ishak von anderswo. Aus meiner Schule, wo ich als Religionslehrer unterrichte. Nicht dass er bei mir in der Klasse gewesen wäre. Doch wir sind immer wieder aufeinandergetroffen. Mehrmals haben wir in den langen Pausen nett geplaudert, und ich habe noch allzu gut in Erinnerung, dass er ein leidlich guter Schüler gewesen ist. »Ja. Deutschland. Wir wollten da was bequatschen.« Soso. Bequatschen also. Allmählich erfahre ich Näheres über Ishaks Schulzeit, die offenbar nicht so glücklich verlaufen ist, wie ich gedacht habe. Und die Zeit danach. Der gescheiterte Bankraub ist da nur die erste Station auf seiner schiefen Ebene – weitergehen hätte es sollen mit dem Kauf von Waffen. Im größeren Stil.

»Vielleicht hättest du öfter in den Religionsunterricht gehen sollen?«, sage ich, weil mir – nach wie vor etwas von der Rolle – gerade nichts anderes einfällt. Und ernte ein Achselzucken. Dann erst, schon wieder im Gehen, ein heiseres: *Ja, vielleicht.*

*

Ishaks Beispiel führt uns unverzüglich dorthin, wo die Prävention am frühesten einzusetzen hat, dafür aber auch mit der Aussicht auf nachhaltigen, alle Schichten querbeet durch die Gesellschaft ergreifenden Erfolg: in die zigtausenden Klassenzimmer unserer Schulen.

Da finden sich Schlagworte, die jeder als Selbstverständlichkeit abnickt, und doch sind sie vielerorts nichts als graue Theorie. Es sind Schlagworte wie: Intensivierung der politischen Bildung; die Etablierung eines eigenen Ethikunterrichts, unabhängig vom Religionsunterricht, so aktuell wie möglich, frei von jeder Ideologie und vor allem: *verpflichtend*, um Fragen wie Moral, Religion, Integration, Gemein-

samkeiten und Unterschiede breit abzuhandeln (immer weniger Schülerinnen und Schüler, in höheren Klassen keine
fünfzig Prozent, nehmen überhaupt am Religionsunterricht
teil – ein gravierender Fehler, wie ich meine); ferner das
Fördern von kritisch-analytischem Denken (hier das Beispiel Großbritannien genannt, eine Nation, deren Streit- und
Diskussionskultur, wie man sie durch Filme aus Ober- und
Unterhaus kennt, auf dem europäischen Festland gerne belä-
chelt wird, wo Debattieren tatsächlich aber seit Urgedenken
zum Schulstoff gehört, wo brennende Themen systematisch
von klein auf aufbereitet werden, indem Befürworter und
Gegner rhetorisch aufeinander *losgelassen* werden – zur Förderung von eigenständigem Denken ebenso wie zur Entwick-
lung von Dialogfähigkeit und Toleranz gegenüber anderen);
oder etwa biographische Arbeit in den Klassen, soll heißen,
Herkunft und kulturellen Hintergrund jedes Kindes zu the-
matisieren, zum Schwerpunkt eines langen Augenblicks zu
machen und so einerseits Interesse und Wissen zu fördern
und schaffen und andererseits das Gefühl von Ausgrenzung
zu schmälern; Vorbilder schaffen – außerschulische ebenso wie schulinterne, aus der eigenen Peergroup, die speziell
dafür geschult werden können, oder auch der Einsatz von
Friedensbotschaftern (etwa Beamte des Bildungsministeri-
ums in Kooperation mit einem Imam – und das nicht bloß
in Schulen, sondern überall, wo Menschen zusammenkom-
men, in Klein-, Mittel- und Großbetrieben, Vereinen usw.);
die Schaffung so genannter *Gegennarrative* im World Wide
Web, Räume, die dem unkontrollierbaren Dschungel aus
Propaganda und Verführung entsprechende Aufklärung ent-

gegenstellen – dies alles dazu angetan, das gesellschaftliche Blockdenken aus Richtig und Falsch aufzudröseln, aus Gut und Böse, aus *halal* und *haram.*

Aufklärung in alle Richtungen also. Der Erklärungsbedarf durch Unwissen und Vorurteil ist groß. Dazu zählt auch, Eltern viel stärker miteinzubeziehen. Ihnen zu erklären, dass ihre Kinder sehr wohl an Klassenausflügen teilnehmen sollen, müssen. Dass es nicht angeht, schale Ausreden zu erfinden und mit vorgeschobenen Entschuldigungen zu agieren. Desgleichen treffen Ahnungslosigkeit und voreilige Aburteilung aber auch die *Gegenseite,* die keine sein sollte – die Lehrer. Auch sie stellen dies bisweilen beschämend unter Beweis. Da brauche ich bloß an die *Causa Ali* zurückzudenken.

Hintergrund ist ein Schreiben des Wiener Stadtschulrates gewesen, das vor ein paar Jahren an alle Direktoren und Direktorinnen der Stadt gegangen ist. Die Anweisung: Es möge der kleinste, der allerkleinste Verdacht auf *islamistische Schüler* unverzüglich gemeldet werden.

Eines Morgens nimmt mich eine Lehrerin der Schule, an der auch ich unterrichte, beiseite, im selben Maße vertrauensvoll wie aufgeregt. »Kollege Demir«, haucht sie, »ich habe einen.«

»Sie haben einen was?«

»Einen Radikalen.«

»Ach ja?«

»Ja, er heißt Ali und geht in die Fünfte.«

»Und warum sollte er Ihrer Meinung nach radikal sein.«

»Er hat ein Schwert-Tattoo.«

Ich erkläre der Kollegin die Bedeutung des Tattoos. Dass es primär weniger ein Zeichen von Radikalisierung darstelle als seine Zugehörigkeit zur Glaubensgemeinschaft der Schiiten und Aleviten – alle beide erklärte Todfeinde des IS. Die Kollegin sieht mich erstaunt an, kratzt sich verlegen am Hinterkopf. »Oh, dann muss ich jetzt zur Direktorin und da etwas richtigstellen.«

Ein andermal, an einer anderen Wiener Schule, wähnt sich der Direktor persönlich in der Rolle des Aufdeckers. Anlassfall: Schüler hätten *Allahu akbar* gerufen und obendrein den Zeigefinger in die Lüfte gereckt – gerade so, wie man es von Terroristen kenne, *ehe es zur Sache geht*. Er spricht voller Stolz, den er auch in einem späteren Fernsehinterview zur Schau tragen sollte. Meine Erklärung, Ruf und Geste entsprächen exakt dem Ritual der Muslime beim Gebet wie auch die Vermutung, diese Schüler (vierzehn Jahre) hätten wohl Zeichen der Provokation, Abgrenzung oder schlimmstenfalls der Einschüchterung setzen wollen, fruchten nicht. Wie auch die Kollegin meiner eigenen Schule meldet er den Vorfall und geht damit sogar an die Medien.

*

Was lernen wir daraus?

Jeder Weg der Aufklärung ist ein Prozess, ein mitunter sehr, sehr langer Weg, den es zu beschreiten gilt. Jeder trägt ein Stück der Verantwortung. Muslime darin, dass sie auf die Mehrheitsgesellschaft zugehen, sich bewusst integrieren, damit alte, fälschlicherweise Religion genannte Muster oder Ideologien über Bord geworfen werden. Weg von der Das-war-immer-so-Mentalität, weg vom patriarchalischem Weltbild, von der Unterdrückung der Frau, von der Angstpädagogik in Erziehung und Gottesbild, und hin zu einem ursprünglichen, der das Miteinander in unserer modernen, demokratischen Welt fördert.

Das viele Gemeinsame vor das wenige Trennende stellen. Andererseits müssen Andersgläubige diesen Prozess auch zulassen, selbst den einen oder anderen Schritt tun. Jedes persönliche Gespräch hilft, Vorurteile abzubauen, jede freundliche Geste, Zuwanderern und ihren nachkommenden Generationen, die längst in Europa zuhause sind, nicht das Gefühl zu vermitteln, bloß geduldet oder Gast auf Zeit zu sein. Dazu zählt natürlich auch, nicht die Konfession dieser Mitbürger herabzuwürdigen oder gleich unter Generalverdacht zu stellen.

Ein Gegenbeispiel gefällig? Bei einem der letzten Verwandtenbesuche in Anatolien hat man mich, ich war kaum angekommen, auf »diesen Wahnsinn der katholischen Kirche« angesprochen. Gemeint sind die Kindesmissbrauchsfälle in Österreich, die da gerade frisch aufgedeckt worden waren. Und natürlich, in einer globalisierten, medial eng zusammengerückten Welt auch ihren Weg ins türkische Fernsehen fanden. Es hat mich einige Überzeugungskraft gekostet, den einen oder anderen vom Pauschalurteil gegen die Christen wegzubringen, hin zur Sache selbst, den Einzelfällen, ein jeder natürlich zutiefst verwerflich wie bedauerlich.

Und genauso verhält es sich mit dem Islam. Das schroffe Attackieren von Kultur oder Religion, bloß weil sie fremd und unverstanden ist, löst reflexartig eine Abwehrreaktion aus, eine Hinwendung des Angegriffenen an das betont Positive dieser eigenen Kultur und Religion, ungeachtet aller Zweifel und Bedenken, die man selbst bei dem einen oder anderen Aspekt vielleicht sogar gehabt hat. Das Einzementieren einer Haltung ist die Folge. So alt und abgedroschen es daherkommen mag, doch macht tatsächlich auch hier der Ton die Musik.

Besondere Verantwortung tragen da allen voran die Medien. Sie entscheiden letzten Endes darüber, ob sie die populistische Glut der Vorverurteilung zusätzlich befeuern oder auf der Basis von Vernunft herabkühlen. Ob der Baum, der friedvolles Miteinander heißt, ausschlägt oder verkümmert. Auftrag der Medien ist kein geringerer, als Wächter der Demokratie zu sein. Und nicht ihre Totengräber. Es bestürzt mich zutiefst, wenn ich mitansehen muss, wie selbst ernannte *Islam-Experten* vor die Öffentlichkeit hintreten, insbesondere aus den eigenen Reihen. Als Gäste gern gesehen, weil sie immer ein paar markige Sprüche bei der Hand haben. Nur allzu rasch, allzu leicht ist ihre problematische Gesinnung enttarnt, mit der sie radikalen Kräften Vorschub leisten und Ängste schüren. Einem Neonazi würde heutzutage wohl kaum jemand leichtfertig eine derart breite Plattform bieten. Bei vermeintlichen Islam-Kennern, selbst Muslime, die den Koran in den Dreck ziehen, scheinen die Auswahlkriterien andere, bei weitem nicht so strenge zu sein. Die Wirkung nach außen ist jedenfalls verheerend.

Wir alle als eine Gesellschaft der Vielen sind gefordert. Ich möchte hier noch einmal das Bild von Allahs *Waage der Gerechtigkeit* vorlegen, die am Tag der Auferstehung zum Tragen kommt: Jedes Senfkorn zählt für den Ausschlag – ob in die eine Richtung oder in die andere.

*

Und dann wäre da noch die Politik, ihre Verantwortung einer offenen Gesellschaft und Demokratie gegenüber. Von so vielen Aspekten könnte ich Ihnen erzählen. Im Großen natürlich von Staatslenkern, die, anstatt verbrecherischen Regimen wie jenem eines Herrn Assad Fesseln anzulegen, ihre geopolitischen Strategien globalen Konzernen unterwerfen, weil sie längst unter deren Kontrolle stehen. Doch sind dies Ebenen, auf die wir als Zivilgesellschaft nur wenig Einfluss nehmen beziehungsweise haben. Ich könnte vom fehlenden Mut zur offenen, nicht bloß Ressentiments bedienenden Debatte sprechen, wenn es um Integration geht; oder – jetzt schon sehr viel näher an unmittelbar erreichbaren Sphären – vom fatalen Effekt, wenn Teilbereiche der Gesellschaft als verloren aufgegeben werden; davon, dass manche Jugendzentren bloße Aufbewahrungsstätten sind, weil man schon froh ist, wenn es zu keinen größeren Ausschreitungen kommt, anstatt progressive Jugendarbeit zu betreiben; vom Wegsehen einzelner Jugendamt-Mitarbeiter, wenn Gewalt in den Familien aufs Tapet kommt und nach Erklärungen irgendwo im Acker von Tradition und Kultur gegraben wird, bloß um sich die

Finger nicht am heißen Eisen zu verbrennen; davon, dass seit Jahren flächendeckende Konzepte fehlen; davon, dass bei der Ausbildung von Lehrkräften zu wenig vorangeht; dass die Gelder zur Verbesserung des sozialen, humanen Miteinanders angeblich immer knapp sind, während sie anderswo zum offenen Fenster hinausflattern; von allzu aggressivem Lobbying in alle Richtungen, auch seitens muslimischer Einrichtungen; davon, dass von politischen Bühnen hinabposaunt wird, Gewalt sei nur mit Gegengewalt beizukommen, mit noch mehr staatlicher Härte, mit noch mehr unsichtbaren Mauern und Spitzelwesen (welch Paradoxon aus Weltöffnung und Überwachung!); von einem Aktionsplan beispielsweise in Frankreich, wo in Elternarbeit investiert, Familien eingebunden werden, um der Radikalisierung von jungen Muslimen vorzubeugen oder sie rechtzeitig zu stoppen – im Zusammenwirken staatlicher und nicht staatlicher Einrichtungen, von Polizei, Justiz, Psychologen, Psychiatern, Sozialarbeitern et cetera; davon, dass Verantwortliche hierzulande dann doch lieber den Schwanz einziehen, weil nach der Wahl immer auch vor der Wahl ist.

Ebenfalls unerlässlich im Kampf gegen Radikalisierung: die möglichst enge Zusammenarbeit der Politik mit den örtlichen Moscheen, weil auch dort wichtige Arbeit in punkto Integration, Prävention, Aufklärung und De-Radikalisierung geleistet wird. Ferner müssen all die radikalen, Moschee genannten Hinterhof-Räumlichkeiten in einem gemeinsamen Kraftakt ein für alle Mal dichtgemacht werden. Ziel muss sein, keinen einzigen weiteren

Jugendlichen an das Gift der extremistischen Gehirnwäscher (Hassprediger) zu verlieren.

Unverzichtbar ist auch, um wieder hinter die Gefängnismauern zu blicken, dass neben dem Ausbau der Gefängnis-Seelsorge endlich auch muslimische Wachbeamte in Dienst gestellt werden, weil sie doch schon kraft ihrer Religion einen ganz anderen, unbeschwerten Zugang zu Häftlingen fänden. Weiters braucht es auch die strikte Trennung bereits als radikalisiert identifizierter Häftlinge von anderen, um die Indoktrinierung von Mitinsassen zu verhindern. Ferner eine verbesserte Schulung des Personals, weil ein Bart, ein weißes Gewand und ein T-Shirt mit arabischem Schriftzug noch lange keinen Extremisten ausmachen, wohingegen andere, sublimere Anzeichen einer Radikalisierung leichtfertig übersehen werden. Nur ein geschultes Auge und die persönliche Betreuung, das persönliche Gespräch etwa mit einem Imam, bringen Gefahrenpotentiale ans Licht, und kaum etwas ist in diesem Zusammenhang wichtiger als die Aufklärung vor Ort über Religion, Familie, demokratische Werte, Frieden.

Von alledem und noch mehr müssen wir sprechen, und bestimmt gibt es in manchen der erwähnten Bereiche Berufenere als mich. Das Allermeiste findet sich im Verantwortungsbereich der Politik wieder und gerät zuallermeist ins Fahrwasser von parteipolitischem Kalkül und persönlichem Machtgehabe, die einem ehrlichen, uneigennützigen Interesse an Lösungen entgegenstehen. Doppelmoral und Doppelzüngigkeit schlagen dann mit aller Kraft durch.

Zahlreiche Medienberichte der vergangenen Jahre in punkto Planstellen haben für einigen Druck gesorgt. Meine Erkenntnis: Manche Politiker lieben Druck, aber nur solchen, den sie selbst ausüben. Und sie verfügen bisweilen über ein Gedächtnis, das sie per Knopfdruck dem eines Spatzen oder dem eines Elefanten angleichen können, je nachdem, ob es gilt, Versprechen einzulösen oder Macht auszuüben.

Vorerst bleibt es also dabei, dass es keine Vollzeitstellen für muslimische Gefängnisseelsorger gibt und, in Anbetracht der politischen Großwetterlage in Österreich so kurz nach den Wahlen, wohl auch für unabsehbare Zeit nicht geben wird: Der Betreuung von Muslimen hinter Gittern wird von Staats wegen kaum Bedeutung beigemessen. Da ist zum einen das Verbot der Auslandsfinanzierung, das uns untersagt, anderswo Mittel zu lukrieren. Und nun gibt es obendrein eine Art *Verbot von Inlandsfinanzierung* (die IGGÖ selbst verfügt im Gegensatz zur Kirche nur über sehr bescheidene Mittel), während für hauptberufliche katholische Seelsorger – zu Recht – ausreichend Geld vorhanden ist. Dabei sind Aufwand bzw. Anforderung an die Kollegen, wie bereits angesprochen, sehr überschaubar, während muslimische Seelsorger in Ansuchen auf Betreuung nahezu ersticken. Das führt mitunter dazu, dass andere Seelsorger ihre überschüssigen Zeitreserven für muslimische Gefangene aufwenden – prinzipiell eine sehr feine Sache, denn professioneller Beistand ist von jeder Seite herzlich willkommen. Es sei denn, er wird zum Fischen in fremden Gewässern missbraucht. Ja, auch solche (Einzel-)

Fälle sind mir untergekommen, besonders eindrücklich der einer Muslima, die mir am Gang einer Justizanstalt begegnet und – meiner ansichtig – hastig ihre Halskette verschwinden lässt. Mit einem großen, funkelnden Kreuz daran.

»Bist du übergetreten?«, frage ich sie erstaunt. »Ich dachte, du seist Muslima?«

Sie zögert, doch dann rückt sie unter einem Schwall von Tränen mit der Sprache heraus. Ein Seelsorger habe ihr Schokolade, Zigaretten und Kaffee versprochen. Jedes Mal, wenn sie einander begegneten. Aber nur für den Fall, dass sie das Kreuz offen und weithin sichtbar trage. Missionierung hinter Gittern aus Steuergeldern? Mittels Haftversüßung?

Aber das nur nebenbei. Wie auch, dass ein einflussreicher Seelsorger anderer Konfession seit Jahren nicht davon ablässt, vor allem innerhalb der Gefängnismauern (bei Justizarbeitern) massiv Stimmung gegen den Islam zu machen – anstatt seine Energien in einem gemeinsamen, positiven Sinne zu verwenden. Sein Islambild fußt u.a. auf Büchern von Hamed Abdel Samed – einem sehr bekannten, selbst ernannten *Islam-Experten* (ohne theologisches Studium) – und ist auf gewisse Weise ebenso »radikal« wie jener Zugang, den auch Extremisten zum Koran finden. Er lässt keine Gelegenheit aus, mich gleich für das gesamte Weltgeschehen rund um radikale Muslime in die Pflicht zu nehmen. Und so bekomme ich, vernehme ich bloß die einleitende Floskel »Aber, mein lieber Ramazan, in Saudi-Arabien ...« bereits das Ohrensausen.

Als wäre ich der Kronprinz von Saudi-Arabien, der die von ihm angeprangerten Missstände aus der Welt schaffen könnte. Fast möchte ich meinen, dieser Seelsorger würde sich vortrefflich bei Kapitel 6, den Unverbesserlichen, einfügen. Doch an ihm und seiner Verblendung habe ich mir sieben Jahre lang die Zähne ausgebissen, und ich fürchte, daran wird sich auch nichts mehr ändern. Wie schön wäre es, denke ich manchmal, könnte er sich der Worte seines Papstes Franziskus besinnen, der klipp und klar erklärt hat, dass der Islam nicht für Gewalt steht.

Dass es aber wie in den meisten Fällen anders abläuft, zeigt das Beispiel meines guten Freundes Matthias Geist, ein christlicher Seelsorger, dem ich zu verdanken habe, die Tätigkeit als Seelsorger zu lieben. Ein Mentor für viele wie auch für mich, der jede Religion toleriert und respektiert.

Auf politischer Ebene jedenfalls wird auf billige, leicht durchschaubare Weise politisches Kleingeld gemünzt. Nichts weiter. Die Sache selbst bleibt auf der Strecke. Und manchmal, wenn mich besonders trübe Gedanken packen, ist mir, als dienten diese und viele andere Maßnahmen beziehungsweise Nicht-Maßnahmen seitens der hohen Politik bloß, um schnelle Wahlerfolge einzufahren und die Spaltung der Gesellschaft so zu belassen, wie sie ist. Oder überhaupt voranzutreiben. Weil das letztlich die schlagkräftigsten Argumente in die Hand gibt, Überwachung und Polizeiapparat weiter nach oben zu fahren.

Jedes Mal, wenn ich so etwas höre, überkommt es mich. Beschwichtigend wirken da nur die Worte eines ranghohen Justizbeamten, der mir, wiewohl schon vor zwei Jahren vernommen, wie von gestern im Ohr klingen und die Hoffnung nähren, die so dringend benötigten Veränderungen unserer Gesellschaft für eine bessere, gewaltfreiere Welt erfolgten ohnedies anderswo als hinter gepolsterten Doppeltüren. Ich solle auf Geduld setzen, hat er mir eines Tages zwischen Tür und Angel zugeraunt. Auf Zeit und auf eine weiterhin gute Zusammenarbeit auf allen Ebenen fernab des Parlaments:

Schauen Sie, Herr Demir ... Politiker kommen, Politiker gehen. Wir bleiben.

AUF EIN LETZTES WORT

Sie erinnern sich an Musa?

Ich habe den jungen Tschetschenen, der uns gleich zu Beginn begegnet ist, nicht wiedergesehen. Nach seiner Verurteilung vor Gericht hat man ihn in ein Gefangenenhaus vor den Toren Wiens überstellt. Und doch ist er vor wenigen Wochen erneut in mein Leben getreten. Als Botschafter. Ein Seelsorger-Kollege hat Kontakt mit ihm gehabt. Und mir berichtet, Musa habe ihm zutiefst Besorgniserregendes anvertraut. Landsleute hätten ihm unmissverständlich zu verstehen gegeben, sie würden mich, Ramazan Demir, persönlich aus dem Weg räumen oder wenigstens dafür sorgen, sobald sie wieder in Freiheit seien.

Nun habe ich gelobt, nicht aufgeben zu wollen. Zu wichtig ist die Betreuung radikalisierter Muslime, zu wichtig und unumgänglich das Bemühen, sie um jeden Preis zurück auf den rechten Weg zu bringen, sie die Werte einer offenen Gesellschaft, eines friedlichen Wir-Gefühls erkennen, respektieren und nach ihnen leben zu sehen.

Ich bin aber auch Ehemann. Und insbesondere Vater. Die zusätzlichen Warnungen des Verfassungsschutzes an alle Imame Österreichs – also auch meine Person betreffend – haben mich beschäftigt und ins Grübeln gebracht. Ich sollte mich unverzüglich »aus der Schusslinie« bringen. Imame, die das Lügengeflecht eines Islamischen Staates zu zerschlagen suchen, sind erklärte Todfeinde desselben. Die bis dahin diffuse, allgemeine Bedrohung durch Streitschriften des *Islamischen Staates*, die weltweiten Aufrufe zur Ermordung von *abtrünnigen* Imamen, ist nun sehr konkret, sehr intim an mich herangerückt.

Anfeindungen kommen aber auch von anderer Seite. Drohmails. Diffamierungen im Internet von Islamhassern, islamophoben und rechtsextremistischen Zeitgenossen. Auch ihnen gereiche ich zum Feindbild. All das kostet enorm viel Kraft. Und natürlich ist auch die Angst ein Faktor. Also erwäge ich tatsächlich, weniger aus Sorge ums eigene Leben als um das Schicksal meiner Frau und meines zwei Jahre alten Sohnes, mich als Gefängnis-Imam zurückzuziehen. Wenigstens von der so genannten *Front*. Ob ich die Leitung der Gefängnis-Seelsorge inne behalte und im Hintergrund agiere, kann ich an dieser Stelle noch nicht sagen. Der Schrecken ist noch zu frisch.

Ramazan Demir, November 2017

GLOSSAR
noch ein paar Details im raschen Überblick

Abraham: Abraham ist der Stammvater der Juden, Christen und Muslime. Er hat die Kaaba in Mekka errichtet. Es gibt verschiedene Riten in der Tradition des Stammvaters Abraham, die von den Pilgern zu erfüllen sind.

Das Opferfest geht auf den Propheten Abraham zurück. Ihm hat Gott befohlen, seinen Sohn zu opfern – zum Zeichen seiner Ergebenheit. Es war jedoch eine Prüfung Gottes, bei der am Ende nicht der Sohn, sondern ein Widder geopfert wurde.

Der Prophet Abraham (Arabisch: Ibrahim) wird im Koran als Vorbild für diejenigen dargestellt, die den einen Gott aus den Zeichen der Schöpfung erkennen.

Allah: Das arabische Wort Allah setzt sich aus dem Artikel *al* (der) und dem Wort *ilah* (Gott) zusammen. Allah bedeutet demnach: der Gott.

Er ist ein und derselbe Gott für Muslime, Christen und Juden. Das zu wissen, ist die Basis jedes Dialogs über Gott und von größter Wichtigkeit, soll es doch auch dazu dienen, radikalen Muslimen Wind aus den Segeln zu nehmen. Schließlich ist es einigermaßen paradox, im Namen Gottes gegen Geschöpfe desselben Gottes in den Krieg zu ziehen.

Die Dreifaltigkeit (Trinität) des christlichen Glaubens – die Aufteilung der göttlichen Wesenheit in Gottvater, Sohn Jesus Christus und Heiliger Geist – existiert für Muslime nicht. Die

Einheit und Einzigkeit Allahs steht im Koran festgeschrieben. Allah ist der Einzige, der Absolute, der ewige Unabhängige, von dem alles abhängt. Er ist der Erlöser (Jesus hingegen ist ein Prophet). Der Respekt anderer Religionen gegenüber wird im Islam großgeschrieben.

Allah ist vollkommen. Als Schöpfer war er immer da und wird immer da sein. Der Koran schreibt dazu: »*Er ist Der Erste* (Der Immer-Dagewesene), *Der Letzte* (Der Immer-Bleibende), *Der Offenkundige und Der Verborgene* (Inwendige). *Er weiß alles.*« (57:3). Sein Wissen betrifft alles und jeden, vom Geheimnis des Universums bis zum geheimsten Gedanken eines Menschen. »Er weiß, was in den Himmeln und auf der Erde ist. Er weiß, was ihr geheim haltet und was ihr offenlegt. Und Allah weiß über das Innerste der Brüste Bescheid.« (64:4)

Allahs Allmacht ist grenzenlos. Er kann alles geschehen lassen. Der Mensch ist von ihm erschaffen. Allah begleitet ihn im diesseitigen Dasein wie im jenseitigen. Im Koran hat er niedergelegt, wie der Mensch sein soll, um Allahs Wohlgefallen zu erlangen. Er ist gerecht, milde und barmherzig, urteilt nach dem Tod eines Menschen darüber, wer Eingang ins Paradies findet und wer nicht.

Er leitet die Menschen an, damit sie Gutes tun. Doch entscheidet jeder Mensch selbst über seine Taten, dazu ist ihm der freie Wille gegeben. Ein Beispiel aus dem Alltag: Überschreitet jemand das Tempolimit (130 km/h) weit, verursacht einen Unfall und landet im Rollstuhl, trägt er selbst die Schuld an seinem Schicksal. Fährt indes jemand vorschriftsgemäß, wird von anderen in einen Unfall verwickelt und landet ebenfalls im Rollstuhl, so ist es Allahs Wille – er hat dem Betroffenen eine Prüfung auferlegt. Oder: Allah entscheidet, ob jemand vier Schwestern hat. Wen man jedoch heiratet, entscheidet der Mensch selbst.

Basmala: Anrufungsformel, den Suren des Koran vorangestellt: *Im Namen Gottes, des Allerbarmers, des Allbarmherzigen.* Muslime benutzen die Basmala alltäglichen Leben.

Die fünf Säulen des Islam: Die tragenden Pfeiler des Islam, die Aufgaben der Muslime benennend:

- Das Glaubensbekenntnis (*Schāhada*): »*Ich bezeuge, dass es keinen Gott gibt außer dem einen Gott und ich bezeuge, dass Muhammad Sein Gesandter ist.*« Sie ist unerlässlicher Teil etwa des Gebetsrufs (*Adhān*) des Muezzins, wird jemals zweimal gesprochen. Durch die Verinnerlichung der Überzeugungen im Herzen und das Aussprechen des Glaubensbekenntnisses nimmt man den Islam an und wird Muslim

- Das Gebet: Fünfmal täglich ist es zu entrichten. Das Gebet ist eine direkte Verbindung mit Allah. Durch das Gebet zeigen Muslime Allah ihre Treue und Dankbarkeit.

- Die soziale Pflichtabgabe (*zakat*): Muslime, die ein Vermögen ab einer bestimmten Höhe besitzen, müssen einmal im Jahr ein Vierzigstel dessen, was sie beiseitegelegt haben, zugunsten von Bedürftigen abgeben. Die wörtliche Bedeutung des Wortes Zakat ist reinigen. Somit ist die soziale Pflichtabgabe eine Reinigung des Vermögens und des Besitzes.

- Das Fasten – zu absolvieren (für jene, die körperlich dazu in der Lage sind) im neunten Monat des islamischen Mondkalenders, dem Ramadan. Von Sonnenaufgang bis Sonnenuntergang ist Enthaltsamkeit angesagt. Kein Essen, kein

Trinken, kein Rauchen (das ohnedies als verpönt gilt), kein Geschlechtsverkehr. Fasten (*Saum*) ist ein Dienst allein für Allah, soll die Gläubigen zugleich für die Lage Armer sensibilisieren, dient zur spirituellen Bereicherung, der Absage an negative Gedanken. Zum Ende des circa dreißig Tage anhaltenden Ramadans wird ein großes Fest des Fastenbrechens gefeiert.

- Die Pilgerfahrt: Einmal im Leben soll jeder Muslim (so er körperlich und finanziell in der Lage ist) nach Mekka gepilgert sein (also den *Hadsch* durchführen) und dort die Kaaba umrunden.

Dschanna: Das arabische Wort für Paradies. Dort hat Allah Adam und Eva zu wohnen erlaubt. Der Ort, an dem jene auf alle Tage verweilen sollen, die zu Lebzeiten Gottes Wohlgefallen erlangt haben – durch ihre guten Taten. Der Koran beschreibt diesen Ort sehr konkret: »*Das Paradies, das den Gottesfürchtigen versprochen ist, ist so beschaffen: In seinen Niederungen fließen Bäche. Und es hat andauernd Früchte und Schatten. Das ist das letzte Ziel derer, die gottesfürchtig sind.*« (13:35)

Extremisten preisen diesen Ort als bereits zu Lebzeiten erreichbar an – oder wenigstens seinen Vorhof. Sie winken mit weltlichem Luxus, verteufeln ihn zugleich aber, indem sie die Absage an die Lebensführung des Westens, an den Genuss im Jetzt und Hier einfordern, denselben Luxus dann aber wieder – allerspätestens für *drüben*, für die *dschanna* – zusagen. Wer als Selbstmordattentäter stirbt, erreicht die *dschanna* unverzüglich. Widersprüche en masse – aber wer wird schon so genau fragen?

Freitagsgebet: Die Teilnahme ist für Männer eine religiöse Pflicht, Frauen wird sie anempfohlen. Es ist das wichtigste Feiertagsgebet der Woche (vergleichbar mit dem Sonntagsgottesdienst), muss in einer Moschee verrichtet werden und ersetzt an diesem Tag das Mittagsgebet. Der Ablauf ist festgelegt: gemeinsames Gebet und Predigt.

Halāl / Harām: Was erlaubt ist / was verboten ist. Dinge und Handlungen, die im Einklang mit dem Islam sind oder nicht.

Imam: Übersetzt: Vorbild, Wissender, religiöser und geistiger Leiter. Er kennt das Wort Allahs, ist kraft seines Amtes Autorität. Anders als bei katholischen Priestern, beichten Sünder nicht direkt bei ihm. Der Islam kennt keinen Mittler zwischen Allah und den Gläubigen. Wer sündigt, wendet sich direkt an Gott. Dem Imam obliegt es, die Menschen zur Reue anzuregen.

Er ist Vorbeter bei den Freitags- und Festtagsgebeten, trägt (üblicherweise) eine besondere Kleidung, die jedoch einigen Spielraum lässt. Weit verbreitet ist ein wallender Umhang (zumeist vorne geschlossen, manchmal aber auch offen), in verschiedensten Farben (weiß, grau, schwarz, grün et cetera). Als Imam mit türkischen Wurzeln nenne ich diesen Umhang *Dschubba*. Manche Kollegen tragen einen Turban, andere, wie ich, eine Gebetsmütze (*Sarik*). Auch sie gibt es in unterschiedlichsten Farben und Ausführungen. Mir sind aber auch Fälle bekannt, wo Imame quasi in Straßenkleidung agieren. Entscheidend ist, dass er sich – wie jeder Muslim – sauber und bescheiden kleidet.

Die *Islamische Glaubensgemeinschaft in Österreich* hat über 300 Imame, die in Moscheen als Seelsorger fungieren.

Islam: Zwei Wortwurzeln bilden das Wort Islam:
- Taslim (Hingabe) – damit ist die bewusste Hingabe an den einzigen Schöpfer gemeint.
- Salam (Frieden) – dabei sind das Streben der Muslime nach Frieden (vor allem innerem Frieden) und der Schutz vor allen negativen Einflüssen von großer Bedeutung.

Ein Muslim ist derjenige, der sich in Frieden Gott hingibt.

Islamischer Staat (IS) / Isler: Als Organisation besteht der Islamische Staat seit 2003. Ziel des IS ist zum einen die Errichtung eines Kalifats, das auch am 29. Juni 2014 als solches ausgerufen worden ist (mit Abu Bakr al-Baghdadi alias *Kalif Ibrahim* an der Spitze), und zum anderen die Destabilisierung der ganzen Welt.

Über neunzig Prozent der jahrelang vom IS kontrollierten Gebiete im Irak und in Syrien sind mittlerweile wieder »IS-frei«. Der IS begeht Völkermorde, zahllose Kriegsverbrechen wie auch die Zerstörung von kulturellem Erbe der Menschheit.

Koran: Allahs wörtliche Hinabsendung. Aber Achtung: Wort Gottes bedeutet nicht wortwörtlich – der genaue Kontext ist von Bedeutung). Der Koran ist die erste Hauptquelle für alle Muslime, gefolgt von der Sunna. Über 23 Jahre hinweg hat Allah dem Propheten Muhammad seine Botschaften gesandt.

Muslime halten an dem Glauben fest, dass der Koran Gottes letzthinabgesandte und somit letztgültige Botschaft an die Menschen ist. Vorhergehende Hinabsendungen Gottes (Thora, Psalmen und Evangelien) werden in ihrer Existenz nicht bestritten.

Muslime sind der Auffassung, dass die vorangegangenen Bücher (gewollt oder ungewollt) verändert wurden. Wenn Inhalte mit dem Koran nicht vereinbar sind, werden sie abgelehnt. Wo sie gleichlautend sind, herrscht Konsens.

Gleichsam bei Zusatzinhalten in Bibel und Thora, auf die im Koran nicht Bezug genommen wird, mahnen muslimische Gelehrte zu Vorsicht. Man lehnt nicht prinzipiell ab, stimmt aber auch nicht vorbehaltlos zu. Der Koran umfasst 114 Suren (Kapitel), jede mit einer unterschiedlichen Zahl von Versen (auch Āyāt genannt, in Summe 6.236). Sie enthalten Gebote sowie Verbote, Berichte von Schöpfung und Menschheitsgeschichte und vieles mehr.

Die grundlegende Botschaft im Koran lautet, die Menschen müssten Gottes Wohlgefallen anstreben. Dies ist auf dreierlei Wegen zu erreichen:

- Muslime müssen an (den) einen Gott glauben, an Schicksal und Vorsehung, Propheten, Engel und Botschaften, wie auch an das Jüngste Gericht.
- Muslime müssen Gutes tun, Böses unterlassen. Dazu zählt auch, sich an den Fünf Säulen des Islam zu orientieren.
- Muslime müssen nach einem guten Charakter streben. Sie sollen sich als ehrlich, hilfsbereit, geduldig und großzügig erweisen und einen liebe- wie respektvollen Umgang mit ihren Mitmenschen pflegen.

Muslim / Moslem: Muslim ist ein Mensch, dessen Religion der Islam ist. Der Bedeutung des Wortes folgend, ergibt er sich in

Frieden seinem Gott. Moslem ist im Prinzip der idente Begriff, wird im heutigen Sprachgebrauch zumeist aber nur noch als abschätzig empfunden.

Sufismus: Grob umrissen versteht man darunter Mystik – eine Zusammenführung aus Askese und Spiritualität, die mit Hingabe und Liebe erfolgende Versenkung eines Muslims in seinen Glauben, um so Gott nahest möglich zu sein. Wer sich zum Sufismus bekennt, ist ein Sufi.

Sunna: Alles, was der Prophet Muhammad gesagt, getan oder gebilligt hat. Sie ist als eine Art Leitfaden für die praktische Umsetzung des Koran zu sehen und nach dem Koran die zweitwichtigste Quelle. Sie dient als Anleitung zur Verhaltens- und Lebensweise. In ihr finden sich Lehraussagen sowie vorbildhafte Taten des Propheten, ist Leitfaden, der der Gemeinschaft der Muslime (*umma*) helfen soll, den Koran richtig zu deuten. Steht im Koran beispielsweise: Verrichtet das Gebet! – ohne nähere Erläuterung –, so dient die Sunna als Hilfestellung: »Muhammad hat gesagt: Verrichtet das Gebet so, wie Ihr es bei mir seht.«